イマドキ男子をタフに育てる本

泌尿器科医
岩室紳也

日本評論社

はじめに

医者になりたての頃の私は、医者というのは患者さんの病気を治したり、病気を予防したりするのが仕事だと単純に思っていました。しかし、三二年も医者をやらせていただく中で、病気とは言えない、でもどこか健康とも言えない、こんな人たちが増えていることに気づかされました。

日本では、昔だったら、男の子たちは放っておいても元気に育っていくことができました。時にはいたずらをして、大人たちを怒らせながらも。しかし、イマドキそのような男の子はどんどん減っています。

その一方で、思春期になっても異性に対して性欲がわかない、マスターベーションの仕方も知らない、恋愛することが怖いという男の子が増え続けています。最近はこんな「草食系男子」や「絶食系男子」が話題になり、実際にまわりを見渡せば「いる、いる！」と思い当たる人も多いと思います。でも、このことに私は大きな危機感を抱いています。こんなイマドキ男子たちの生きる力が弱くなっていると思うからです。

日本では一〇年以上前から、自殺する人が毎年三万人前後で推移してきました。でもじつは、五〇年以上前から女性の自殺者数は横ばいなのに対して、男性の自殺者数だけが増え続けているという事実をご存じでしょうか。

超一流の大学を出たものの、会社勤めも、研究室での勤務も続かない男たちが少なくありません。

このように、男たちが弱くなった原因は何なのか。昔はなかった環境ホルモンなどの影響なのか、それとも親の育て方の問題なのか。はたまた、インターネットが影響しているのか。

いろいろと原因を考えてみても答が見つからない一方で、男たちの生きる状況、育つ環境がどんどん変化し、悪化の一途をたどっています。そんな時、各種のデータを重ねてみると、とんでもない状況が見えてきたのです。男性の自殺者が急増した時期も、子どもたちの不登校が急増した時期も、親の児童虐待が急増した時期も、一〇代の人工妊娠中絶が急増した時期も、全部一致していることに気づきました。

つまり、重要になってくるのは男の子たちが育つ環境でした。その環境をお母さんやお父さんがどうつくり、子どもたちにどう接するかによって、わが子の性格や未来は大きく変わると言っても過言ではありません。親にとってはある意味で、初めて迎える岐路とも言えます。大切なわが子が将来自立できないような間違った子育ては、絶対に避けなければなりません。

では、イマドキ男子を自立したタフな男の子にするために、お母さんやお父さんはどうすればいいのでしょうか。

本書では、泌尿器科医としての診療現場や学校講演での「性教育」を通して、また、ホームページに寄せられる相談を通して、多くの子どもたちと触れ合ってきた私の経験を分析した結果から、親としてのあり方のヒントと子育ての実践方法を具体的に述べていきます。

とくに、思春期の性に関することは、話題にしにくい家庭も多いと思います。じつは、この年頃の子どもたちは親が思っているよりずっと大人であり、同時に幼くもあります。だからこそ、親たちだけでなく、そんなジレンマと向き合う子どもたちにも、この本は必ず役立つはずです。ぜひ、一緒に考えていきましょう。

二〇一三年五月

岩室紳也《いわむろしんや》

共通編

第二章 男と女の違いを知る

第三章 究極の「失敗しない子育て・男育て」

第四章

思春期の男の子たちへ

第五章

教えて！「男の子の性」Q＆A

・紳也's　HP
(http://homepage2.nifty.com/iwamuro/)

・コンドームの達人講座
(http://www.youtube.com/watch?v=mHHRgFfGnzA)

第一章 自立したいい男に育つための二〇条

子どもたちにとって本当の幸せとは、心も体も健康で、社会の中で自立して生きられることです。

最初の章では、そんな男の子に育てる方法を二〇条にまとめました。それによってどんな力が育つかも書きました。その後の章は、その方法についての丁寧な説明と言ってもよいでしょう。早速、今日からこの二〇条を実践してください。

折れない心・思いやりのあるタフな心を育てるために

長い人生の中で、私たちは好むと好まざるとにかかわらず、いろいろなことを経験します。親なら、わが子がつらい境遇や厳しい環境に置かれた時でも、自分で立ち上がって歩き出す勇気を持ってほしい、そう思っているはずです。

そんな折れない心、しなやかな心を持ったいい男に育てるためには、幼い頃から小さなプレッシャーを与えてストレスを感じさせたり、コミュニケーション力を養《やしな》わせたりすることが大事です。そうは言っても、実際にどうしたらいいのかわからない、というお母さんは多いと思います。もと男子であるお父さんなら、なおさらでしょう。

そこで、私が考える「息子をタフないい男に育てる」「若者たちが自立した男を目指す」さらに、「社会を生き抜けるしなやかな心を持った男育て」を二〇条にして、できるだけ簡潔にまとめました。これからこの本の中でもいろいろな場面で説明していきますが、ぜひ身につけてほしい力なので、最初に要点を紹介しておきます。

まずは、お父さんとお母さんがチェックしてみてください。もしも、わが子やわが身にできていない項目があったら、その部分に意識を向けるようにしてください。そして、少しずつでいいので実行してみてください。必ず、いい男に必須の力を息子さんの中に育てることができます。さらには、男の先輩であるお父さんの中にも育ちます。

この二〇条は「乳幼児編」「小学生編」「中高生編」「共通編」からなっていますが、その時にできていなかったからといって、あきらめることはありません。たとえば、「小学生編」の「おちんちんをむこう」の項は、その前の時期からでもいいですし、高校生までやっていなかったからといってくじけることはありません。気がついた時から始めればいいのです。「共通編」も同じです。たとえば「挨拶の習慣をつけよう」の項は、おじいちゃんでもそれまでの習慣を改めることによって、多くの人といい関係性を持つことができるようになります。

乳幼児編

第一条 話しかけたり、読み聞かせをする ⬇ コミュニケーション力の基礎が育つ

私たちは生まれ落ちてから、たくさんの人の手を借りて育ちます。反対に言えば、決して一人では生きられないし、育ちきれないということです。そうであれば、生きていく中で親や兄弟、友だちや仲間をはじめ、たくさんの人たちと上手にコミュニケーションを取

る必要があります。

私は本当の意味で、コミュニケーション能力の基礎になるのは聴く力だと思っています。なぜなら、相手の話を聴くことは、癒し癒される効果があるからです。「傾聴《けいちょう》」という言葉を聞いたことがありますか？　これは、人の思いに耳を傾けることで、相手の心が癒されるだけでなく、自分自身の心も癒されます。

ぜひ、赤ちゃんの頃からどんどん話しかけてあげてください。子どもたちの聴く力は、話しかけられればかけられるほど育ちます。

新米のお母さんやお父さんは、「言葉を理解できない赤ちゃんに話しかけたって、コミュニケーションなんか取れないんじゃない？」と思っていませんか。もしもそう思っていたとしたら、それはとんでもない勘違いです。

たとえ、赤ちゃんは言葉を返せなくても、最も身近な存在であるお母さんやお父さんの言葉をじっと聞いています。そして、話しかけられるのを待っています。幼い頃から本などを読み聞かせてもらっていた子どもは、人の話を聞いて想像したり、理解する力もどんどん育ちます。

もしかしてあなたは、食事の時、子どもの口に食べ物を放り込んで、自分は携帯やメールのチェックをしていませんか。これでは、お子さんのコミュニケーション能力が大いに心配です。まずは、そこから変えましょう。子どもと一緒にいる時は、携帯やスマホは使わないようにします。わが子の目を見ながら「おいしいね」と話しかけて、一口ずつ食べさせてあげてください。これが子どもの体と心の大切な栄養となります。

第二条 他人と出会う機会をつくる➡ストレスを経験し、克服することを学ぶ

「三つ子の魂百まで」とはよく言ったもので、幼い頃に形成された性格は、年を取っても簡単には変えることができません。人は自分自身の経験、そして他人の経験を通して育ちます。だからこそ、好奇心に満ち溢《あふ》れ、性格が形成される大事なこの時期から、たくさんの経験をさせてあげてください。

なかでも、ストレスは大事な経験で、自分と他者の違いを理解できるようになりますから、思いやりのある優しい子どもに育ちます。

少子化が進んだ日本では、どの家庭でも男の子は小さな王様のように扱われていて、何でも自分の思い通りになると思って育っています。そこでぜひ、王様の鼻っ柱を折るような体験をさせてあげてください。そのためには、人と出会う機会をつくりましょう。

子ども同士で遊べば、おもちゃを取り合うような諍《いさか》いも起こります。時には喧嘩《けんか》に発展

世代を超えて多くの人に出会うと、そこにストレスが生まれる。

することがあるかもしれません。でも、おもちゃで遊びたいので、子どもなりに譲歩して「一緒に遊ぼう」とか、「次に貸してね」などと言って、遊べる方法を考えます。仲直りするために謝らなければいけないことは、子どもにとっては大きなストレスです。

こうして、日常生活の中で他人から与えられるストレスと向き合うことによって、どう乗り越えればいいかといった知恵も自然と身についていきます。ストレスに直面しても、きちんと向き合えない子はキレたり、我慢ができない性格になったりします。

出会いのためには、お母さんはもちろん、「イクメン」と呼ばれる育児を率先して行うお父さんの地域デビューが必要です。親同士の交流は、子ども同士が交流する環境づくりにつながります。

じつは、こういう交流は子どもが成長するだけでなく、もう一つの効果もあります。育児にまつわるさまざまな悩みや課題を共有できますから、親の育児不安が解消されます。お母さんやお父さんがゆとりを持って子どもに接することができるようになると、子どもはのびのび育つことができます。まさに、一石二鳥の機会といえるでしょう。

第三条 「転ばぬ先の杖《つえ》」を捨てる➡親と子どもの我慢力を養う

子ども同士の喧嘩に眉《まゆ》をしかめたり、小さな諍いで怪我《けが》をしたのを知って慌てるお父さんやお母さんは多いようです。あなたは、わが子が喧嘩に負けた悔しさや軽い傷の痛みに泣こうものなら、血相を変えて相手の子の親に文句を言ったりしていませんか。

もしも、わが子が喧嘩をしないように、怪我や痛い思いをしないようにと心を配って、「転ばぬ先の杖」を出し続けているお父さんやお母さんがいるとしたら、大いに反省してください。そして、杖はすぐに捨てましょう。

とくに、お母さんたちは「不安を発掘する天才」です。母性本能がそうさせているのでしょうが、このようなお母さんに育てられると、子どもの将来にいい影響がありません。

大人になると、それこそ世の中はプレッシャーとストレスだらけです。自ら向き合い生き抜いていく力が育っていないと、すぐにあきらめたり逃げる大人になってしまいます。現実逃避をしたり、引きこもったりして社会から距離を置いてしまう危険性があります。

たとえば、子どもが泣いていたら、「どうして泣いているの？」と理由をしっかり聴いてあげてください。理由が喧嘩であっても、「誰に泣かされたの？　お母さんがやっつけてあげる」などと言って、原因を取り除こうとしてはいけません。「今日、この子は泣くような悔しい思いを経験した。この子の成長に必要な大事なチャンスをもらったんだ」と思える余裕を心に持ちましょう。

そして、子どもが自分の力で立ち直れるように陰からサポートしてあげてください。お母さんも同じように友だちと喧嘩した経験があることを伝えると、子どもは安心します。泣きやんだら、子どもにどうやって仲直りするつもりかを聴いてみる。そして、「明日の朝会ったら、ちゃんと『おはよう』は言おうね」と背中を押してあげる。理由を言わない場合は無理に聞きだそうとせず、黙っておいしい夕ご飯をつくってあげる。

どれも、子どもが成長するために必要なことであり、わが子の性格や好みを知りつくした、身近な存在であるお母さんだからこそできるサポートです。

小学生編

第四条 おちんちんをむこう➡がんばり続ける力を育てる

かつて「包茎《ほうけい》」は男たちの悩みの代名詞でした。しかし今は、この言葉そのものを知らない中高生の男の子たちが増えています。高校生になっても知らないなんて信じられないかもしれませんが、本当の話です。雑誌なども読みませんから「女の子は包茎が嫌いだ」という広告も目にしません。友だち同士で下着を脱がせ合って「こいつ、包茎だ」などとからかおうものなら、「いじめ」とみなされて学校に通報されかねません。

一方で、「包茎」を知って悩んでいても、インターネットでは「包茎」で検索すると二五〇〇万件もヒットしますが、包茎に関して正しいことが書かれているサイトは少ないのです。私のサイト「紳也's HP」(http://homepage2.nifty.com/iwamuro/) や「コンドームの達人講座」(http://www.youtube.com/watch?v=mHHRgFfGnzA) では、「かぶれば包茎、むければOK」と説明していますが、膨大な数のサイトの中からここにたどり着くのは、まさに至難の業です。

だからこそ、この本を読んだお母さんは息子に「男のエチケットとしておちんちんをむきなさい」と教えてあげてください。そして、本書の158ページに方法とコツを伝授しましたので、ぜひ見せてあげてください。

実際にむき始めると、亀頭部が刺激に慣れていなかったり、包皮と亀頭の癒着《ゆちゃく》をはがしたりする時に痛みがあります。じつはこの経験がすごく大事です。

息子さんには痛みと闘うという経験を通して、我慢する力やコツコツ継続する力を養い、毎日少しずつ自分のペースで課題に取り組む習慣を身につけてもらいましょう。おちんちんをむくことで、子どもの心にがんばり続ける力が育ちます。

第五条 失敗させる勇気を持つ ➡ 注意力を養う

私たちは長い人生の中で、何度も失敗を経験します。これは、決して避けて通ることのできないものでもあります。

ところが最近は、たった一回失敗したというだけで、立ち直れなくなる子どもたちが増えています。

そもそも、大人でも子どもでも、誰だって日常生活の中で恥ずかしい思いはしたくありません。でもあえて、小さいうちから何度も経験させましょう。具体的にどうすればいいのか。小学生くらいなら、たとえば隣の家に回覧板を持っていくことだって恥ずかしい思いにつながります。「こんにちは、回覧板を持ってきました」と声をかけられたか、「ご褒《ほう》美《び》よ」とお菓子をもらったら「ありがとう」とお礼を言えたかどうかを確認しましょう。

そして、たとえできなかったとしても、「次にがんばってお礼を言えるようにしようね」とフォローしましょう。失敗の経験こそが貴重なのです。

なぜなら、失敗も恥ずかしい思いも、それを反省することによって、次は気をつけようとする注意力が養われます。つらい思いをしないためにはどうしたらいいのか、という成功体験につなげることができるのです。親なら試練と思って、わが子には少々のつらい思いや失敗を体験させましょう。

第六条 「わからない」は禁句にする➡考える力を育《はぐく》む

ちょっと振り返ってみてください。あなたのお子さんは人から突然質問された時、どうしていますか。「とりあえず思いついた答を言っていた」、あるいは「わからないと答えていた」のではありませんか？

今日本では、みんなと同じでないと安心できないという風潮があります。個性を重視す

他人と違っていてもいいので、「わからない」は禁句に。

る世の中と言われながら、「他人と違うと思われる」ことを嫌います。だから、大人も子どももそうですが、すぐに「わからない」と答えます。

とくに子どもたちは、まわりから浮いたり、特別視されることを嫌うどころか、恐れてさえいます。まわりの子と違う答を言うと、「あんな考え方をするんだ」と思われます。子どもたちはこんな状況を避ける一番簡単な方法を知っています。それは間違いを口にしないことです。そこで方便として、「わからない」を使うのでしょう。

しかし、こんなことを続けていると、将来困ったことになります。なぜなら、私たちの脳は考えることを放棄するようになってしまうからです。その結果、脳は答を考える前に「わからない」と反応するようになります。実際に、子どもたちに聞くと、質問が終わる前に「わからない」と答える子がとても多く、びっくりしてしまいます。

子どもが考える力を身につけるために、今日から家庭や学校では、「わからない」は禁句にしてください。もしも、子どもが「わからない」と答えたら、「何がわからないの？」「何でそう思うの？」などと、質問してあげてください。それを繰り返していると、自然に自分で考えることができるようになります。

中高生編

第七条 部活やサークルに入る ⬇ 仲間をつくる力が育つ

思春期と呼ばれる第二次性徴を迎えると、男の子は男らしい体に一歩近づきます。身長がぐんと伸びたり、肩幅が広くなったり、声変わりや髭《ひげ》が生えてきたりして、体の変化が顕著になります。それに伴って、包茎、夢精、マスターベーション、セックス、コンドームなど、性に関するさまざまなことに関心も広がります。

男は大人になると、他者と共通の話題や関心事を見つけるのが難しくなります。でも、思春期はそれこそ性の悩みをはじめとして、いろいろな悩みを仲間と共有しやすい時期でもあります。その多感な年頃に出会った気の合う友だちや、共通の話題で盛り上がれる仲間は、同じような悩みや関心事を持っています。無理したり背伸びしたりせずに自然体でつき合えますから、一生の友となります。女の子が耳にしたら見下されるようなくだらない話、ちょっとエッチな猥談《わいだん》や下ネタ話も、仲間でワイワイ話しているぶんにはたわいなく、私などは、むしろ健全と思うくらいです。

そうはいっても、現実には誰とでも親しくなれる男の子ばかりではありません。この年頃の男の子はシャイな一面も持ち合わせていますから、仲間づくりには、既存の枠組みの中に入るのが近道です。そこで、中高生になったら趣味を伸ばしましょう。その延長線で部活やサークルに入るのがおすすめです。共通の趣味と共有できる話題がいつもありますから、打ちとけやすいムードがすでに存在しています。その中で、大切な仲間としての意識を育みましょう。

ただ、最近は同じ部活に入っていても、以前のように部活の時以外もずっと一緒に行動する、という子どもたちは減っています。たとえばサッカー部なら、試合に勝って全国優勝をするという目的では一緒にがんばりますが、練習や試合以外では積極的な交流を避ける子どもたちも多いようです。これでは部活に入っているから安心とは言えませんね。

昔から「帰宅部」はありますが、別名「孤独部」、最近では「ネット部」です。もともと男は孤独を好みますから、子どもに任せると「帰宅部」を選ぶ可能性が少なくありません。そうかといって、部活をするのは子どもですから、親が選んでしまうのは間違いです。自分で決めたことはやり通すという意味でも、子ども自身に選ばせましょう。

第八条
ネットの性情報、AV、二次元は五人以上で見る➡善悪は仲間に学ぶ

インターネットの性情報を扱ったサイト、AV（アダルトビデオ）、漫画やキャラクターといった二次元の世界では、間違った性描写や過激な性描写の多いことが問題になっています。

残念ながら、今の時代にこれらを子どもたちから完全に遮断することはできません。だからといって、映像のどこが正しいのか、間違っているのか、どのような問題があるのかを一つひとつ説明することも不可能です。まずは、この事実を素直に認めることから始めましょう。そうしないと「規制すべきだ」「学校で教えて」といった責任転嫁が始まり、親や子どものできることが覆《おお》い隠されてしまいます。

このように情報が垂《た》れ流しになっている現状を前にして、性教育をしている立場だから

こそ言えることがあります。何か打つ手はないものかと私なりに思案していた時に、なぜ自分がアダルトビデオやとんでもないサイトにハマらないのか。さらに言えば、援助交際や性犯罪に手を染めないのかを考えてみました。それは若かりし頃、仲間たちと「こんな情報はあり得ないことだよ」とか、「そんなことをすると捕まるぞ」と教え合い、そのことが体に染みついていたからでした。

今私は、中高生の講演で必ず強調していることがあります。それは、「アダルトビデオやエッチサイトは見るなと言いたいけれど、学生時代にポルノ映画を見ていた私には言えません。アダルトビデオやインターネットのエッチサイトは一人で見ますが、ポルノ映画は大勢で見に行ったものです。一人で見ているとその情報に翻弄《ほんろう》され、信じてしまい、トラブルに巻き込まれることもあります。だからどうしても見たい時は、五人以上で見なさい」と訴えています。

大勢で見ていれば、「これってレイプだよね。犯罪だよ」と教えてくれる仲間や、「これってておかしくないか？」と忠告してくれる友だちが必ずいますから。二次元にハマっている友だちに対して、「俺、やっぱり生身の女の子のほうがいい」と言う仲間がいれば、自分と他者との考えの違いもわかります。こうして仲間に学ぶ力を養うことができます。

第九条 コンドームの事前練習をする➡先を読む力を養う

「コンドーム」という言葉が中学校の保健体育の教科書に登場する時代にもかかわらず、高校生になっても見たことも触ったこともないし、友だちとコンドームの話をしたことがないという男の子たちが増えています。もはや「財布にコンドームを入れているとお金が貯まる」という言い伝えは死語になりつつあります。ちなみに、この言葉は迷信のように思われてきましたが、じつは本当のことでした。財布の中のコンドームを見られると恥ずかしいので、できるだけ財布を開かないようになり、自然とお金が貯まるからです。

わが子にコンドームを買い与える親がいますが、これは大間違いです。子どもがコンドームを買うという、ストレスに満ちた貴重な「経験」をする機会を奪ってしまいます。大切な息子が将来トラブルに巻き込まれないために、親ならコンドームについていろいろな経験をさせてあげてください。なかでも、次の二つはぜひ体験させてあげてください。

①コンドームを自分で買う。

②ユーチューブに私がアップしている「コンドームの正しい装着法」を予習する（この講座は大人気で新旧のバージョンを合わせると五七〇万件以上のアクセスがあります）。

実際に、大人でさえも恥ずかしさを覚える「コンドームを買う」という体験を通して、教科書に書かれていない部分まで深く学ぶことができます。たとえば、買うのが恥ずかしいからといって、コンドームを使わないでセックスした時に起きることも想像しますから、ＨＩＶ／ＡＩＤＳ（エイズ）や性感染症、望まない妊娠などを具体的にイメージできるようになるはずです。これは、先を読む力を養うことにつながります。

第一〇条 失恋を恐れるな ⇒ 理不尽と向き合う力を培《つちか》う

多くの人に共通して、人生で最初に味わう最大の敗北感と言えば、失恋ではないでしょうか。「何でこんなに君のことを思っている俺をふるんだ」という失恋体験の数がいい男を育てます。理不尽に向き合う力が養われるからです。

最近の子どもたちの多くは、最初から割に合わない体験や理不尽に扱われそうなことは回避するように育っています。ですから、あえて他人を好きになることを通じて、人生で最も自分の思うようにならないこと、「告白してふられる」という体験をさせましょう。

まずは、好きな子にアタックする勇気を持たせましょう。そして、たとえ残念な結果に終わったとしても、男なら相手を恨《うら》んだり、失敗を恐れてはいけないことを伝えるのです。「ふられるのは俺だけ」と思って落ち込まないように、お母さんやお父さんはさりげなく「私なんか両手両足の指では数えられないくらいふられているよ」とフォローするのを忘れないでくださいね。自分の力で立ち上がれることを信じてあげてください。そして、次なるチャレンジに備えて、折れない心が育つように見守りましょう。

親と失恋の話をできなくても、友だちとふられた会話ができるような男の子なら、当たり前のように失恋を重ねられるはずです。その結果、どんどん心がたくましくなり、男としての魂《たましい》も磨かれていきますから、いつか必ずよい伴侶と出会うことができます。

第一一条 持ち物より持ち主が大事 ➡ 相手を理解する力を養う

息子が「どうせ俺は（包茎だから、ペニスが小さいから、ルックスが悪いから）モテない」と思っているとしたら、お母さんやお父さんは「男は見た目じゃない」「持ち物より持ち主が大事」と教えてあげましょう。

これは断言できますが、女の子は男の子のペニスのサイズなんか気にしていません。さらに、女の子がつき合いたいと思う男の子は、決してルックスの善し悪しではありません。判断の基準は、一緒にいて楽しいか、コミュニケーションが取れているか、安心できるか、信頼できるかどうかなのです。

でもこのことを理解できず、テレビやアニメに出てくるカッコいい男の子と、かわいい女の子の間にしか恋愛は成立しないと、勘違いをしている男の子が増えています。

恋愛は、まず相手を理解することから始まると肝に銘じさせましょう。理解する力を養うために、男の子は自分が話すだけでなく、相手の女の子の言葉をきちんと聴いてあげられるように育てましょう（「聴く」ことについては、第三章で詳しく書きました）。一緒にいて楽しい男、おしゃべりを楽しめる男は、結果として、女の子からも男の子からもモテるのです。と、理屈では言えるものの、男はプライドの生き物です。それがつい邪魔をしてしまいますが、これもまた、男の性《さが》です。

第一二条 「愛の反対は無関心」 ➡ 相手を思いやる心を育てる

中高生の男の子たちに「女の子はセックスなんかしたくないと思っているよ」と伝えると、その場にいた男の子たちはショックを受けます。女の子は本能的に、セックスをすれば妊娠する。でも、今妊娠したら困る。だから、したくないと思っています。

それでも男の子たちは自分の性欲（射精欲）を満たそうと、「好きだから、愛しているからセックスしよう」と女の子に迫ります。そう言って迫られた時のために、私は女の子たちに「愛の反対は無関心」というマザー・テレサの言葉を教えています。女の子の気持ちに無関心な男は、口説《くど》き文句として安易に愛という言葉を使って迫ります。しかし、本当に愛しているなら、「ノー」と言っている女の子の気持ちを大事にできるはずです。

男の性欲は、思いやりの心を育てるうえで、大変役に立つものです。強烈な射精欲と向き合う中で、自分が我慢することによって、相手の女の子の気持ちを尊重することを学べます。

男子よ、もっと欲望を駆り立てよう！　されど、女の子はセックスを求めていない。だから、マスターベーションで我慢し、思いやりの心を育てるのだ！

第一三条 高校卒業まではセックス禁止➡我慢する力を養う

「中高生はセックスしてはいけないのですか」と質問されたら、私は迷わず「高校を卒業するまではセックス禁止」と答えています。「何だ、ありふれた答だな」と思ったら大間違いです。

大人たちの多くは「責任が取れないから」「妊娠したらどうするのか」「とにかく早過ぎる」などと、大人ならではのわかったような、わからないような理屈を並べます。でも、若者たちが、それも男女ともに納得できる説明や理屈を述べている大人はほとんどいません。なぜなら、若者たちから「じゃあ、コンドームを使って避妊すればいいのか」といった反論があることを予想しているからです。

第一二条で、「性欲の抑制は、思いやりの心を育てる」と説明しましたが、性欲の抑制にはもう一つの効果もあります。それは、「したいけどできない」という事実と向き合うことで、我慢する力を養えることです。私自身も中学生の頃にセックスという行為の存在を知り、自分でも体験してみたくなりました。当時も今も男の子は「したいけどできない」というジレンマを抱えて毎日生活しています。

いい男になりたかったら我慢すること。だから、「高校を卒業するまではセックス禁止」なのです。女の子にも彼氏のことが好きで、いい男に育てて長く一緒にいたいと思っているのなら、すぐにセックスさせないことが大事だと教えておきましょう。男の子のこんな我慢の時間が、いい男へと成長させてくれます。

第一四条 挨拶《あいさつ》の習慣をつけよう➡人とつながる基礎を築く

朝起きたら家族に、道路や学校で誰かに会ったら、「おはよう」と言う。今の時代、この当たり前のことが子どもも大人もできなくなっています。

朝一番に顔を合わせたら、笑顔で「おはようございます」と言われると、とても気持ちがいいものです。この話をある大学の講演でしたら、「挨拶は人とつながる魔法ですね」と感想に書いてくれた学生がいました。本当にその通りだと思います。

地域に顔見知りが少なかったり、近所づき合いのない家庭も多いと聞きます。だからこそ、挨拶の習慣を身につけたいものです。できれば、挨拶を交わす人を一人でも二人でも増やしましょう。その人たちが顔見知りとなります。

私自身は、住んでいるマンション（別名・高級長屋）ですれ違う子どもにも大人にも、笑顔で挨拶するようにしています。最初は恥ずかしがっている子どもでも、何度か声をかけているうちにちゃんと挨拶ができるようになります。さらにその次には、「おはよう、今日は寒いね」などと話しかけると、子どもであっても会話が成立するようになります。

大人であれば、こんなふうにちょっとひと言を添えるだけで親しみが増して、自然とスムーズな会話ができるようになるはずです。

第一五条 人ともっとしゃべろう ➡ 生きる力が育つ

人づき合いの基本であり、極意の一つに、「おしゃべり」という話し言葉によるコミュニケーションがあります。人と挨拶でつながった後は、とにかくその人としゃべりましょう。相手に向かって「しゃべる」ことが大事です。

最近、子どもたちから「遠距離恋愛をしています。彼氏はメル友で、まだ会ったことがありません。でも、将来結婚の約束をしました。今度、彼氏が会おうと言っています。セックスをすることになるかもしれませんが、岩室先生はどう思いますか？」といった内容の相談が増えています。「何を言っているの。そんな男は君の体が目的だよ」とアドバイスをしても、まったく信じてもらえません。そして後で「先生が言った通りだった」と半泣きのメールが届きます。

私はメールだけで他者とかかわることには疑問を持っています。確かにメールは情報を伝え合うにはいい媒体だと思います。

その一方で、自分の心を相手に正確に伝えられたか、自分は相手の心の状態を正確に理解できたかどうかは、非常に曖昧《あいまい》です。しかも、想像力を膨らませて自分勝手な解釈をしてしまう可能性もあります。

でも、しゃべっていると声のトーンや言葉で相手の気持ちなどが伝わってきます。だからこそ、しゃべることの大切さや意味をもっと経験してもらいたいと思います。

教育の現場では「生きる力」を育てることが大事だと言われてきました。しかし、「生きる力」って、漠然としていてよくわかりませんよね。じつは正直なところ、私自身もIECという言葉に出会うまでは、よくわかっていませんでした。

IECとは、情報（Information）、教育（Education）、コミュニケーション（Communication）の頭文字です。

人は、情報がどんなに正確でも、教育をどんなに充実させても、知識が増えるだけです。知識だけでは健康的な生活を送れるようにはなりません。情報を教育することで身につけた知識を活かせる力こそが、生きる力です。その力を発揮するには、対話・関係性・絆でつながった仲間とのコミュニケーションを通じた課題の実感や感動の共有が不可欠です。要は、一人では、生きる力は育たないということです。

でも最近は、コミュ障やコミ症（コミュニケーション障害）といった言葉まで生まれています。

日本の小中高の学校にはスクールカウンセラーさんがいて、子どもたちの悩みに寄り添ってくれていますが、残念ながら、スクールカウンセラーさんたちの力を活かしきれていないようです。その大きな原因の一つは、子どもたち自身が話す力、おしゃべりする力を身につけていないために、カウンセリングそのものが成立しないことにあります。カウンセリングとは、混乱している自分の気持ちを、自分の言葉で整理することです。この傾向は社会人にも見られ、カウンセリングにならない大人も増えています。

親子の会話も、じつは生きる力を培ったり、カウンセリングの場になっていることが少なくありません。ぜひ、家庭の中におしゃべりの場をいっぱいつくってください。

第一六条 飲み会は買ってでも出よう ➡ 情報交換と交流のチャンス

職場での飲み会や社員旅行が減ったと言われて久しいのですが、じつは、飲み会は日常接している仲間と、非日常を体験できる素晴らしい機会だと思います。

職場では日々一緒に仕事をしていても、個人的な話などしない人がほとんどでしょう。ましてや、職場内で困っていることや悩んでいることがあったとしても、必ずしも同僚と共有できるものとは限りませんから、なかなか言葉にしにくいものですよね。

でも、飲み会ならふだん話さない人と、ふだん話せない内容を共有できるチャンスです。悩みを解消する情報をもらったり、相手の経験や志《こころざし》を知ったり、心の余裕に学んだりすることができます。飲み会だけがベストだと思っているわけではありませんが、老若《ろうにゃく》男女《なんにょ》を問わずに、手軽にセッティングできる手段の一つなのではないでしょうか。

飲み会が得意ではないというのなら、別の場面でもＯＫです。とにかく、人とつながれる機会を積極的につくりましょう。必要なものもそうでないものも、どんどん情報交換をするのです。「そんなのは面倒」と思っている人は、「心の病《やまい》」に要注意ですよ。

人は言葉として口に出さないと、自分の気持ちを伝えることはできませんし、自分の思いも整理できません。仲間たちとしゃべる中で、自分の思いを整理し、自分自身の存在価値も確認できます。

第一七条 地域の仕事を引き受けよう ↓ 役割を見つける

地域の自治会やマンションの管理組合、あるいは、子どものＰＴＡなどは輪番制のことも多く、年度が変わるとこれらの役員の仕事が回ってくることがあります。

そもそも男は、名刺と役割と理屈がないと生きていけない存在です。だからこそ、役が回ってきたら、ぜひ、積極的に引き受けましょう。実際には仕事と家庭の両立だけでも大

地域の仕事は積極的に引き受けよう。

変という人がいるかもしれませんし、会合に出席するのは面倒と思う人もいるかもしれません。でも、そう思った瞬間、あなたはお子さんの成長を妨げています。自分のためではなく、お子さんのために、あなたが地域デビューをするのです。

たとえば、ＰＴＡの役員でも、ただ行事をこなすだけではもったいないので、積極的に自分から参加してみてください。最近は母親だけでなく、「おやじの会」などといって、父親たちが仲間づくりを通して学校や地域に貢献しています。しかもそれだけにとどまらず、イクメン同士で悩みの共有ができたり、気がつけば子ども同士の交流へと発展しているところもあります。

まずは地域に飛び込み、地域の人たちと

知り合いましょう。その中で、あなたの役割も自然と見えてくるはずです。

第一八条 趣味を持とう ⇒ 大人の仲間づくり

定年退職をしたシニア世代はもちろんのこと、子育てや仕事で忙しくても、お父さんなら、時間を有効に使ってもっといい男を目指しませんか。いい男には生きがいが必要です。生きがいを持つことや人とかかわることは、癒しの時間になります。第四章で述べるように、スピリチュアルな面で健康になるためにも生きがいは重要です。

ぜひ、趣味を通じた仲間づくりをしてください。たとえば、地域には自治会や公民館が主催する趣味の講座がたくさんあります。また、市民大学をはじめ、週末セミナーもいろいろありますから、まずは、空いた時間を利用して自分の好きなことや得意なことを始めてみませんか。もちろん、今までやったことのない分野や新しいことにチャレンジするのも、大いにおすすめです。

共通の趣味を介した大人の男のつき合いは、大学や会社の同期とは違って、肩書や名刺のないフランクな世界です。肩肘《かたひじ》張ったり競争を必要としないぶん、お互いの人間性が表れます。心から信頼できる仲間を見つけることも、案外たやすいかもしれません。

親が趣味を持つと、不思議と子どもが興味を示しますから、親子のコミュニケーションにもいい影響を与えます。

第一九条 人と自分を比べない➡優しい心を育てるコツ

人生における幸せとは、お金はないよりあったほうがいい、病気よりは健康なほうがいい。そう思っている人は多いはずです。しかし、本当にそうなのでしょうか。

本来、幸せというのは誰かと比べて感じるものではありません。東日本大震災で大きな被害を受けた人たちを見て、被害を受けていない人たちの中には、改めて自分の幸せに気づいた人も多いのではないでしょうか。しかし、これは他人の経験に学ぶということであり、比べることではありません。

私たち人間にとって一番尊《とうと》いのは、相手を思いやることのできる優しい心を持つことです。ではその優しい心は、どうやって育まれるのでしょうか。それは誰かと自分を比べないことです。つねに人と比べていると、いつも誰かと競《きそ》っていることになり、結局のところ、疲れてしまいます。

だからこそ、今の自分が幸せだと実感することが大事なのです。ご飯を食べておいしいと思ったり、会話が弾んで楽しいと思ったりするような、ちょっとした小さな出来事にも喜びを感じられれば、結果として、誰にでも優しくできるようになります。この優しい心は一生の宝物となります。

第二〇条 もっと人とつながろう ➡ 心のケアの常備薬

これからは、心の健康が問われる時代と言われています。少子化と高齢化社会の進んだ日本では、一人ひとりがお互いの心をケアし合うことが大事になっています。ケアとは手当のこと。手当てとは文字通り、痛みのある部分に「手を当てる」ことです。ケアが成立するには、手を当てられる関係性が必要であり、その基本は人とつながることです。関係性こそが、心のケアの常備薬なのです。

昔から、井戸端会議と言われるように、女性は「しゃべる」場をつねに確保していました。この井戸端会議で毎日の苦労が癒されていたのでしょう。井戸端会議は別名「心のケアの場」とも言えます。実際に男性と比べて、生活の変化にすぐ対応できるのも、逆境に強いのも、このようなコミュニケーションの場を多く持つ女性たちです。

男たちも、女性の素晴らしい習性を見習いたいものです。井戸端会議は無理でも、孤独な男たちをつくらないように、男たちが集える場所を積極的に設けましょう。

このことは、子どもたちにとっても大事なことです。最近の小学生は、友だちと会っていてもお互いがゲームに夢中で、会話がほとんどありません。男の子たちだけではなく、女の子たちも無駄話をすることが少なくなりました。その結果、男女ともにコミュニケーション能力が低下し、人とつながらなくなってきています。

自殺者が三万人を超えたとか下回ったとかで一喜一憂していますが、じつは、東日本大震災の年までは、自殺者数は若い世代では増え続け、年配者では減り続けていました。これは、高齢者には介護保険制度などで人とつながる機会が積極的につくられましたが、若い世代ではむしろ関係性が希薄になり続けたことが、この増減に影響していると考えられます。

このように、子どもたちの将来だけでなく、日本の将来に憂《うれ》いを抱かせるような大きな問題です。「人とつながる」をキーワードに、ぜひ、今できることを考えていきましょう。

第二章　男と女の違いを知る

この章では、同性の父親にも、そして、異性である母親にも、ぜひ知っておいていただきたい、男の子特有の性質や思考、行動を述べていきます。

性差から生じる特徴とともに個人差を理解することで、お母さんの「男の子育て」をめぐる悩みが解消します。

女の性に学ぶしたたかな生き方

オスとメスの心の違いを知る

「性教育」と聞くと、親や先生方は、どうしても「月経」や「射精」といった生理的な現象面ばかりに目が行きがちです。

しかし、「性」で考えなければいけない本当に大事なことは、「性」には性差や個人差があるということです。男と女の違いという性差はもちろんのこと、同性である男同士でも違いがあります。この違いを理解することが、男の子を育てるうえで大事になってきます。これを知れば、お母さんは息子だけでなく、パートナーも含めて、男という生き物を理解できるようになるはずです。

まず、オス（男性）とメス（女性）の心の違いに着目してみましょう。

そもそもオスとは何なのか。表1にあるように、群れない習性、欲望の塊《かたまり》、プライドの生き物と言われています。関係性に学べず、一人で犯罪を犯す。名刺と役割がないと人前に出られず、人に言われても変われず、おだてられないといじける。女性は、男という生き物とつき合う時は、このあたりのことをぜひ意識しておいてください。

一方のメスは、群れる習性、欲望がオスとは異なり、プライドより本能とあきらめの生

表１　オスとメスの心の違い

	オス（男性）	メス（女性）
習性	群れない	群れる
関係性	関係性に学べない 一人で犯罪を犯す	まわりに合わせられ、 関係性に学び、癒される
欲望	性欲・顕示欲・独占欲が強い	食欲・愛情欲・物欲が強い
役割	名刺や肩書が必要	日常の中に幸せと役割を見つける
プライド	屁理屈とプライドの生き物	本能とあきらめの生き物
他者の影響	人に言われても変われず、 おだてられないといじける	「まあ、いいか」と現実を受け入れられる

き物です。まわりに合わせて、関係性に学ぶことができ、癒される。日常の中に幸せと役割を見つけられ、「まあ、いいか」と現実を受け入れ続ける力が備わっている。柔軟性を持った生き物ととらえることができます。

オスとメスの決定的な違いは、「日常」をどう生きるかです。オスは名刺に裏打ちされた役割を求めますが、メスは日常の中で生まれた仕事や与えられた役割をこなします。これは当たり前のことですが、子育てをする際に名刺などは役に立ちません。母親は名刺などなくても子育てという役割を果たし、この日常の中に幸せを見つける力を持っています。子どもが笑ったというだけで幸せになれます。

もっとも、そのあたりの力が育っていないと、児童虐待という悲しい結果につながることは、ニュースを見聞きしていればわかると思います。男には役割や肩書が必要なのをわかってか、最近はマスメディアなどが「イクメン」という肩書を与え、育児に参加するように仕向けているのかもしれません。

この性差を理解したうえで、男の子は厳しく育ててください。厳しくというのは、いいストレスをたくさん与え、役割が見つからない時も乗り越えられる力をつけるという意味です。

月経というストレスが女性を強くする

「戦後、女性と靴下は強くなった」と言われた時期があります。第二次世界大戦後は、民主主義の導入で女性にもさまざまな権利や役割が認められ、家庭におさまっているばかりではなく、男女共同参画社会と言われるようになりました。同じ頃、日本の繊維技術が飛躍的に向上したため、破れやすかった靴下やストッキングの耐久性が高まりました。だから、強くなったことのたとえとして皮肉半分に言われたようです。また、この時代は男たちに代わって、女性が家族の生活を支えていた背景もあり、強くならなければ生きていけなかったのです。その歴史が今に続いています。

性教育に長年かかわってきた私ですが、正直なところ、いまだに男と女の役割やジェンダーといったことはよくわかりません。ジェンダーフリーを叫んでいる人もいますが、私の中には、まだストンと落ちてこないのです。それはさておき、男と女の違いを考えるうえですごく大事な現象として、月経の存在があると私は考えています。

ポジティブな性教育で「月経は、女性が妊娠できる体になったという素晴らしい証《あかし》」と教える先生がいます。しかし、当の女性たちはどう思っているのでしょうか。「そうそう。私、妊娠できる体になってから今日が一〇〇回目の記念日！」などといって喜ぶ人はいるでしょうか。こんなことを書くと「岩室先生は女性じゃないから、そんなセクハラみたいなことが言えるのですね」と、お怒りになる女性がいることでしょう。

初潮を迎えたことで親や親戚から「もう女になったのか」などと、嫌な言葉をかけられた人もいるでしょう。実際に、月経中は心も体も調子が悪くなったり、スポーツの妨げになったりすることもあって、つらさやうっとうしさを感じている人もいます。

女の子が月経の恥ずかしさやつらさを経験している頃、一方の男の子たちはというと、おちゃらけて女の子を冷やかしたりからかったりしていて、ますます女の子のストレスを助長していました。女の子からすると、男たちはどうにもお気楽な存在に映りますから、「どうして、女の子だけがこんな思いをしなければならないのかしら」などと、女同士でぼやいたりした経験を持っている人も多いのではありませんか。

こうして女性は、第二次性徴以降毎月、月経というストレスと向き合い続けているため、耐える力が自ずと身についていくのでしょう。その結果、強くなっていきました。ただし最近は、男の子が女の子を性的なことでからかうと「セクハラ」や「いじめ」として先生に通報されます。そのため、女の子の受けるストレスが減ってしまい、ストレスに弱い女性が増えているように見受けられます。このことは、今後重要な課題になりそうで、改めて考えてみる必要があると思っています。

お母さんは、このように男と女の違いを知り、その違いをぜひ意識してください。

女性には、「安全な男」を見抜く本能がある?

第一章の第一一条でも紹介した「持ち物より持ち主が大事」。この名言は、「男の多くは、身長が低いことやペニスのサイズなどを悩んでいる」という話をした時に、私の奥さんが男を一刀両断した言葉です。

男たちの多くは、女性の外観にこだわっています。なぜか、美人やスタイルのいい女性を求めます。しかし、「悪妻は百年の不作」と言う諺《ことわざ》があります。外見がどんなに素晴らしくても性格や心根が悪ければ、恋人としてつき合ううえでも、結婚して一緒に生活し家庭を営むうえでも、男たちはさまざまな問題を抱え込むことになります。それでも世の中には、本能的に外見の美しさに騙《だま》される男たちが後を絶ちません。

それに対して、世の女性たちは、男は「持ち物より持ち主が大事」だと知っていて、外見よりも性格や心根といった中身を重要視できます。これは本能的なものなのかもしれません。女性には「自分の生んだ子を守って育てあげる」という大事な使命があります。だから、カッコよくても危険な香りのする男なのか、平凡な風采《ふうさい》でも子どもを一緒に育てられる安心で安全な男なのかを、見抜く力が備わっているのでしょう。

そして、したたかとも言えるこの能力は、どこから来ているのでしょうか。理屈や理論ではなく生まれ持ったものなのか、それともいろんな人たち、それも子育ての経験を持った人たちとのコミュニケーションの中で、自然と身につけてきたのでしょうか。もしそうだとすると、女性もコミュニケーション能力が落ちている中で、これからは男を見抜く力も危うくなっていくのでしょうか。

弱い男が増えている⁉

自殺が増えているのは男だけ

日本では、インターネットが普及し始めた頃から一〇代の人工妊娠中絶が急増しました。当時の私は浅はかにも、「インターネットという情報氾濫社会が問題だ」と言っていました。

ところが、表2でわかるように、気づけば二〇〇一年をピークに一〇代の人工妊娠中絶は減り続ける一方です。一九九〇年代の後半は人工妊娠中絶の急増期ですが、この時期に一致して男性の自殺者も急増しています。一方で、女性の自殺者の数は、五〇年以上ほぼ横ばいです。

日本のバブル経済は一九八六年から始まりました。この表ではその時代は自殺者が減っています。そして、バブル経済が崩壊したのは一九九一年ですから、この時期以降、自殺者が増え続けたというのであれば、自殺の大きな原因が収入の減少や生活苦にあると想像できます。しかし、崩壊後数年してから自殺者がぐんと伸び、それ以降は大きな増減はありませんから、貧困だけが原因とは考えにくいのです。

内閣府の調査では、自殺した人たちの一定割合が経済的に大変苦しい状況だったことは

表２　男女別自殺者数と10代の人工妊娠中絶率

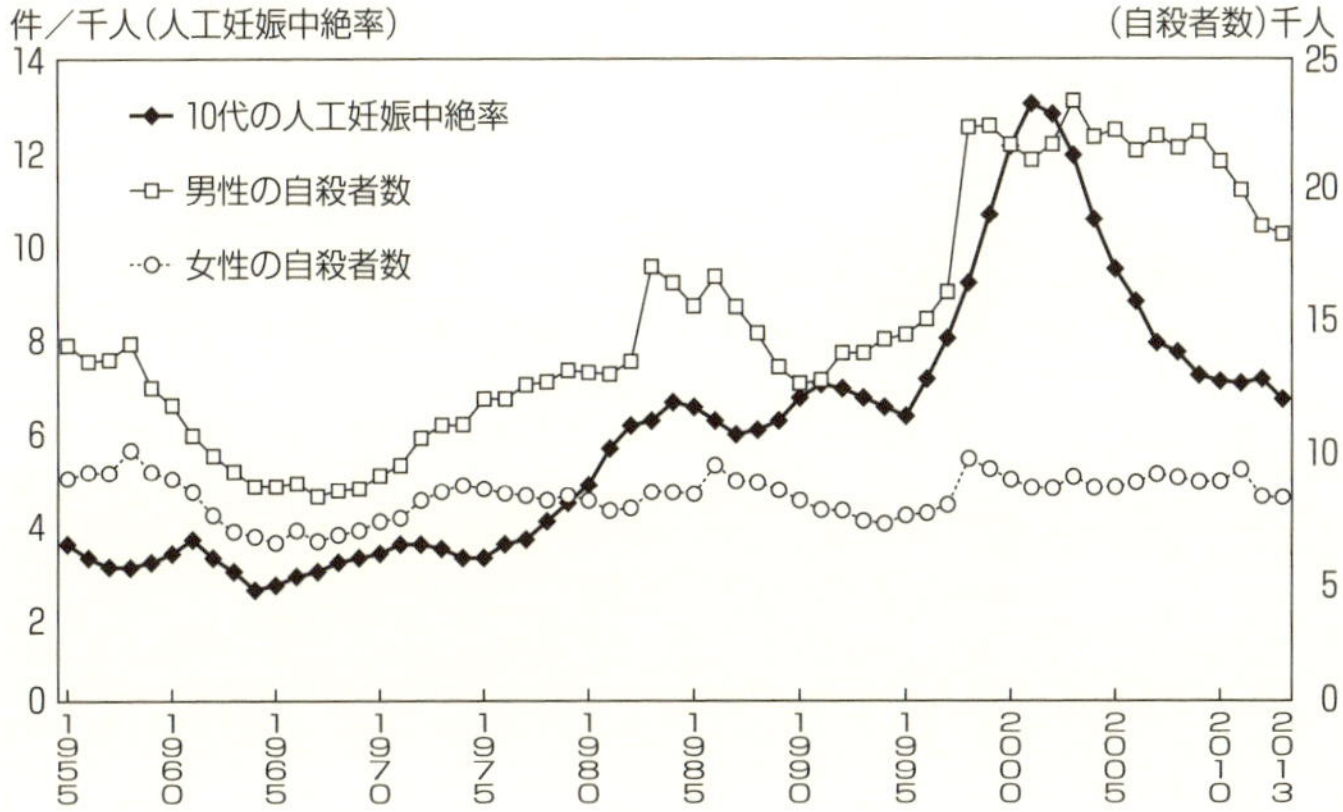

わかっています。でも、同じような苦しい状況の中、死を選ぶ人とがんばって生き抜く人がいます。そこに着目した私は、自殺が増えた原因にはもっと他の要因があるに違いないと考えました。

中絶や性感染症は減少した

さらに調べてみると、不登校の件数も児童虐待の相談件数も、一〇代の人工妊娠中絶や男性の自殺者数が増えた時期に一致して急増しています。

その一方で近年、一〇代の人工妊娠中絶率は減少の一途をたどっています。また、同じ時期の三四歳以下の性感染症（クラミジア、淋菌感染症、ヘルペス）も減少しています。この原因は、草食系男子や絶食系男子と言われるように、セックスを求めなくなった若い男子の増加が考えられます。

じつは男女の自殺者数の違いは、思春期におけるプレッシャーやストレスを経験した差であり、そのストレスを乗り越えるための仲間をつくる力の差ではないかと、私は考えています。

そもそも男は、仲間づくりが苦手なので、仲間とのコミュニケーションを通して困難を乗り越えていく力が、女性に比べて弱いのです。しかも、月経のように定期的に訪れるストレスも経験していません。そこに加えて最近は、親がわが子を守ることに必死で、他者とかかわるというプレッシャーからも遠ざけてしまいます。

その結果、大きなストレスと向き合ったことのない弱い男たちが増えています。

男はプライドの生き物

月経の話をすると、「だから、男は女をいたわる必要がある」といった理想的な結論を、男にそのままの言葉で伝えようとする人がいます。しかし、男はプライドの生き物なので「男は女をいたわる必要がある」と言われただけで、「嫌だよ」と反発したくなります。女の子をいたわることで自分にメリットがあったり、まわりの人や相手の女の子から「君って優しいね」などとおだてられたりしない限り、なかなか自分の中に落とし込めないのが、男という悲しい存在です。

私は結婚した時から奥さんの月経初日をチェックしています。中学校や高校で生徒に向かって講演する時にこの話をします。そして、会場にいる男性教師陣に「何のためかわかりますか？」と質問するようにしています。ほとんどの先生は妊娠や避妊のことしか思い浮かばないようで、「安全日」「危険日」などと答えてくれます。そこで、すかさず、「違います。保健体育の教科書をもう一度読んでくださいね。ちゃんと『月経周期から妊娠しない日を選んで性交する方法も、月経周期は変動しやすいため、避妊効果は低い』と書かれていますよ」と切り返します。

その後、月経周期を確認している理由の種明かしをします。本当は「旅行などと月経がぶつからないようにするため」と、「月経前後は気分がイライラするので感情的な喧嘩《けんか》を避けるため」です。

じつは、大人である男性教師陣に対してわざと間違えそうな質問をし、「先生方、間違っていますよ」と告げるのは、私の戦略の一つです。この時、生徒から見れば先生方は「失敗」したことになりますから、「先生だって失敗するんだ」と経験的に知ることができます。しかも、みんなとともに学んだので、後で「○○先生がみんなの前で失敗した」と印象に残ります。もちろん、若い先生たちの場合ストレスに弱いので、「あえて先生たちに質問をしているのは、大人たちも性については思い込みや誤解、知らないことがあるのをみなさんに知ってもらうためです。間違ってくれた先生たちに感謝してください」とフォローすることも忘れてはいません。

さらにその場で、今度は一人の男子生徒に「クラスの女の子から『生理なので掃除当番代わって』と言われたら代わってあげる？」と質問します。すると、ほとんどの場合「はい」と答えてくれるので、その男子の名前をあげて「○○君はおすすめです」などと言って持ち上げます。

男とは、こうやって下げたり上げたりしながら教えないと、学んでいけない存在です。お母さんはこのことを肝に銘じてください。ただし、上手にやらないと落ち込みっぱなしになりますし、おだて過ぎると手に負えない生き物になりますから、バランスを大事にしてください。

ここで話を元に戻しましょう。自殺者の話を振り返ってみてください。こんなふうにプライドが高い生き物である男たちにとって、生きる支えとも言えるそのプライドが崩れてしまうと、悲しい結末を迎えることがあっても不思議ではないと思いませんか。

男にはストレスが必要

かわいいからこそ、甘やかさない

昔と今では事情が変わったところも多々ありますが、一般的に、女の子は小さい時から家事の手伝いをさせられたり、しつけに関しても男の子より厳しく言われているのではないでしょうか。

女の子にお母さんが厳しくするのは、同性だから、自分の経験上厳しくされてよかったことを娘にも伝えたいという意図があるせいでしょう。さらに、将来は結婚して子育てをするとしたら、最低限これだけはできたほうがいいと思うからかもしれません。女の子には、しつけという自然な形でストレスが与えられます。

その一方で、男の子は「跡継ぎ」「家長」になる存在として、家族から甘やかされます。それに加えて母親は、娘の子育てのような安心感やちょっと冷めた感情を抱くことなく、息子が無条件にかわいい。人によっては、夫なんかいなくてもいいと思えるほどで、小さな恋人ができたような気分になります。そのかわいくてしかたがない息子に、厳しくつらいストレスなど与えられるはずがありません。

おじいちゃんやおばあちゃんも、孫娘に対しては「スカートをはいているのにパンツが見えるような座り方をするんじゃありません」と叱《しか》っても、騒がしく走り回っている男の孫に対しては「やんちゃでいいんだよ」と叱ることを忘れています。

このように、積極的に、あるいは消極的にせよ、結果として叱られる経験が減った現代の男の子たちは、社会や環境の変化に適応できない男に育つ懸念《けねん》があります。だからこそ、男の子は必要以上に甘やかさず、小さいうちから心を鍛えてあげてほしいのです。

小さなプレッシャーをこまめに与える

月経やしつけというストレスにさらされている女の子と違って、男の子はストレスを避けて生きることができます。しかし、避け続けてしまうと耐える力が育ちません。そこで、男の子には親が意識して、ストレスと感じるような小さなプレッシャーを与えてあげてください。

お母さんがつらい月経に耐え続けた結果生まれた大事な息子にこそ、いいプレッシャーやストレスを与えましょう。

プレッシャーもストレスも、人と人との関係性が生み出すものですから、人とかかわらなければ当然生まれません。反対に言うと、プレッシャーやストレスを与える方法は簡単です。人と人をつなげばいいのです。そしてその時に、たとえ小さくても、社会の一員としてルールを守ることを教えたいものです。

兄弟のいない一人っ子やまわりに大人しかいない生活環境なら、できるだけ多くの子どもと接するチャンスをつくってください。

ただし、今の男の子たちはプレッシャーやストレスに弱いのも事実です。そんな子どもにいきなりドカンと大きなプレッシャーを与えるのは禁物です。たとえば、運動嫌いの子どもを無理やりスポーツクラブに入れたりすると、子どもはつぶれてしまいます。だから私は、幼い頃から小さくこまめに何度も与えるべきだと思っています。

お母さんが息子に経験させてあげたいと思う、小さなプレッシャーを感じるストレスをリストアップしてみてください。リストアップに当たってのヒントはお母さん自身が人とかかわった時に経験した緊張感、不安感、嫌な思いなどです。たとえば、一人でお使いに行かせるなど、家庭の中では無理というのであれば、家庭以外で与えられるような環境を意識してつくりましょう。

ストレスに耐える力を高めるには

テレビや新聞をはじめ、私たちの日常会話でもよく「ストレス解消法」という言葉が聞かれますよね。でも、この言葉はストレスに対する誤解を生んでいます。たとえば、「あなたのストレス解消法は？」と聞かれて思いつくことは何ですか。お母さんたち女性なら、買い物やグルメランチ、趣味に没頭する、友だちとのおしゃべりなどを思い浮かべる人が多いのではないでしょうか。

でもじつは、それらの方法ではストレスを消し去ることはできません。確かに好きなことや楽しいことをしていれば、その瞬間はストレスの存在を忘れているかもしれません。しかし、ストレスと感じるもの自体がなくなったり解決したりするわけではありません。日常に戻れば、ストレスは依然としてその人のまわりにあり続けます。つまり、ストレスは解消することに焦点を当てるのではなくて、ストレスをやり過ごす力、ストレスに耐えられる力をつけることが大事だとわかります。

では、ストレスに耐える力はどうやって養《やしな》われるのでしょうか。一番簡単で確実な方法は、誰かとそのストレスを共有することです。自分の心の中のモヤモヤを誰かに聞いてもらうと、自分自身で心の中のモヤモヤと向き合い、整理することができます。前に述べたように、思春期の女の子たちは友だち同士で男子への不満や月経のつらさをぶつけ合っています。これによって、無意識のうちに耐える力を養っていたのです。

男の子もストレスに耐える力を身につけるためには、友だちやまわりの人と直接かかわることが大事です。しかし、前に述べたように、男はそもそも一匹狼的なところがあり、群れをつくる力が本能的に弱いのです。

そこで、男の子には別の視点からストレスに耐える力を高めることが求められます。その子なりに役割を与えて、自信を持たせることです。運動サークルや習い事など何でもいいのですが、子どもが胸を張って「僕、こんなことをやっているんだ」というものがあれば、それが大きな自信となります。そのサークルの中で、あるいは別のところで発生したストレスも乗り越えられます。

挨拶《あいさつ》ができない男はモテない

私は神奈川県にある厚木市立病院で、「おちんちん外来」を開設しています。この外来の特長は、包茎《ほうけい》を手術することなくちゃんとむける状態にし、清潔が保てるように指導していることです。

患者さんは生まれたての赤ちゃんから小学生までの幼い子が多いのですが、じつはこの外来の一番の目的は、男育てにあると言っても過言ではありません。私は男が一人前になる第一歩は挨拶だと思っていますから、外来診察も挨拶に始まり、挨拶で終わります。でも、通院し始めた当初は挨拶ができない子どももいます。そんな時私は、子どものストレスに耐える力を養う目的で、あえて「挨拶ができないなんてカッコ悪いね」と言います。

誰にでも挨拶のできる男は人気者になれる。

そう言われた子は、次の診察ではプレッシャーやストレスを感じているはずです。でもほとんどの子が、ちゃんと挨拶ができるようになります。

性教育でお邪魔する学校講演でも、会場にいる男の子たちには意図的にストレスを与えるようにしています。その一例を紹介しましょう。

どの講演でも、冒頭には必ず「みなさん、こんにちは」と語りかけています。人に会えば挨拶をするのは当たり前のことなのですが、高校生ではどれくらいの生徒が返事をしてくれると思いますか？　返事をする高校生は平均して約一割ほどです。日常生活でまわりを見ても挨拶のできない若者が増えています。その大きな理由は、大人たちも挨拶をしないせいです。

そして、ちゃんと挨拶を返してくれた男子生徒に対して「君じゃないけど、今挨拶をしなかった男が結構いたけど、『挨拶ができない男はモテない』というのを知っていますか？」と質問しています。この「モテない」という言葉は男心にグサッと刺さります。

ある時、講演の後にこんな感想を書いてくれた生徒がいました。

「今日は正直、僕はあまり講演などを聞きたくないと思いました。しぶしぶ体育館に行き、先生が挨拶をして、僕はしませんでした。そして先生がいきなり、『挨拶のできない男はモテない』と言いました。その時僕はものすごくショックを受け、講演中ずっと後悔していました。これからは何が何でも挨拶しようと思いました」

この男の子は、挨拶をするというストレスを与えられても、モテたいという気持ちのほうが勝っています。そんな男心を読んでいたからこそ、功を奏したケースといえるでしょう。

なお、モテたいと思って挨拶をし続けると、どのような結果が待っているでしょうか。

挨拶を続ける。

←

自然に挨拶ができるようになる。

←挨拶した人から挨拶が返ってくる。
←挨拶の気持ちよさを実感する。
←挨拶がきっかけでコミュニケーション能力が高まる。
←挨拶をした人と会話するようになる。
←挨拶がきっかけで仲間が増える。
←結果として、仲間が多い、いい男に育つ。
たかが挨拶。されど挨拶なのです。

第三章　究極の「失敗しない子育て・男育て」

この章は、自分で物事を考えられる子に育つアドバイスを集めました。

コミュニケーションを育むコツ、挫折《ざせつ》の経験と立ち直らせる声かけの方法、我慢させることの大切さ、わが家のルールの決め方などを具体的にわかりやすく述べていきます。

子育ての目標を持とう

「お父さんにお任せ」はダメ

私はよくお母さんたちから、「私は女なので男の子にどう接したらいいか、どうアドバイスしたらいいかわかりません」「男の子のことは、やっぱり父親の出番ですよね。でも、主人は協力してくれないので困っています」などと相談されます。このように聞いてくるお母さんたちは、「しつけを含めた日常生活については教えられるけれど、男の子の性のことはよくわからないので父親に任せたい」と思うようです。シングルマザーの中にも、同じように悩んでいる人が少なくありません。

こんな相談には、私は次のように答えています。

「お父さんは今でも、男としての悩みを抱えているかもしれませんよ。結婚しているのにマスターベーションをしていて変じゃないだろうか。ペニスが小さいのをうちの女房はどう思っているのだろうか。それこそ、もっとカッコいい男が現れたら俺は捨てられるのではないだろうか、なんて。このように悩んでいる父親が息子に対して、科学的かつ客観的に、きちんと話せるはずがありません。

男はプライドの生き物です。もし父親から見て、『息子のほうがモテる』『息子のペニスのほうが立派だ』と感じたら、それだけでシュンとしてしまう人がいるかもしれませんよ」

本来、男の子は何かの枠組みに属していないと孤立しがちです。これはプライドが邪魔をするため、コミュニケーション力が育ちにくいからです。だからこそ、男の子をまっとうに育てるには、子ども自身ができるだけ多くの人と接し、その人たちとかかわり、その中でもまれていく必要があります。

お母さん方女性はお父さん方男性よりも、コミュニケーション能力がずっと優れています。そこで、さらにこんなアドバイスをします。

「お母さんは男と女の違いを理解したうえで、異性だからできる客観的な立場から男育てをしてください。具体的には、お母さんが持っているネットワークの中に、息子をどんどん巻き込みましょう。自然と他の子どもや大人と触れ合うようになりますから、その中で子どもなりに意見や考え方の違い、やり方の違い、さらには家庭環境の違いなどを知ることができますよ」

子どもにとって、自分と他人とのさまざまな違いを知ることは大きなカルチャーショックですが、それを受け入れていくことは、子どもの成長に必ずつながります。この世界は自分たち家族だけでなく、社会という大きなフィールドがあることを学び、その中でどう生きていったらいいかという社会性が育《はぐく》まれ、心の柔軟性も高められます。もちろん、子どもがストレスを感じている時は、お母さんも同じようにストレスを感じるでしょうが、そこはわが子のためと思って我慢してください。

友だちや仲間、地域の力を借りて子育てする

このようなアドバイスをしても、今の親世代は何でも自分だけで完結しようとする人が多いのです。

しかもこの人たちは「子育てや人づくりの正解とは何か」を求め、「ハウツー本」や「マニュアル」と呼ばれるものにすがり、答を探そうとします。正直なところ、このことに私は危機感を抱いています。と、偉そうに言っていますが、私も昔は「〇〇マニュアル」といった本を書いたことがありました。今は大いに反省しています。

どの親もわが子のためにがんばっています。まじめに育児をしようとしています。しかし、親だけが子どもにかかわっていると、間違いなく偏った考え方になります。

その結果、子育てでつまずいた時やトラブルを抱えた時に、なかなか軌道修正ができなくなってしまいます。典型は、子どもの不登校や親の児童虐待です。困った事態に陥ってからまわりの人が介入しても、問題解決に結びつかないことが多いのです。たとえば、児

童虐待のケースでは保健師さんやケースワーカーさんをはじめ、さまざまな職種の人が介入しますが、残念ながら簡単にはいい方向に向かいません。不登校も同じです。

親や家族だけ、学校や専門職だけで完結するという錯覚は捨ててください。一人でも多くの人や地域の力を借りて子育てしていくことが大事です。お母さんだけががんばるのではなく、まわりの人を巻き込んで一緒に楽しんでください。異なる意見や考え方にたくさん接すると、自分自身の考え方も多様になれます。

ぜひ、いろんなことが話せるママ友をつくりましょう。お母さんに本当に必要なのは、子育ての苦労をねぎらい合える仲間なのです。仲間からは子育てのヒントや気づきをもらえますから、「困ったの」とか「悩んでいるの」と相談する前に解決できていたりします。しかも、実際に困った時に相談したり頼れる人がいると思えることで、お母さんの気持ちに余裕が生まれます。その余裕こそが必要なのです。なぜなら子どもは、今日のお母さんはイライラしているか、心にゆとりがあるかどうかを敏感に感じ取りますから。

もしも、お母さん自身が人とかかわるのが苦手だと感じているのなら、ぜひ、自分のためではなく、子どものためだと思ってサークルなどに飛び込んでみてください。子どものためと思えば、結構いろんなつらさを乗り越えられるものです。

子どもの学力を伸ばそうと思わない

そうはいっても、人とかかわるのはどうしても苦手というお母さんもいます。そんなお母さんたちの中でも、とくに他人との会話を苦痛に感じるお母さんの陥りやすい罠《わな》があります。それは、自分が変われないために、わが子が他人とコミュニケーションするという大切なチャンスを奪ってしまうことです。

一方で、わが子の才能を伸ばそうと躍起になるお母さんがいます。それも生活力や生きる力といった才能ではなく、算数や国語などの学力の面での才能を伸ばそうとします。しかし、これは厳禁です。小さいうちからいろいろ覚えさせようと知識を詰め込んだり、遊ぶ時間を削ったり、行動範囲を狭めてしまうことは、子どもの可能性が広がりません。

もしも、一流の中高大学を卒業して一流の企業に就職するのがわが子の最大の幸せだと思っているお母さんがいたら、その思いは今すぐ捨ててください。でも、誤解しないでいただきたいのは、「一流の中高大学を卒業して一流の企業に就職する」ことが、ダメだと言っているわけではありません。私は、勉強の優劣や就職先は生きていくうえでの手段の一つでしかないと思っています。

日本では高度経済成長期の頃から、高収入の職場で働くことや出世することを目指す人が急増しました。当然、多くの人が高卒よりは大卒と高学歴を求めるようになり、大学への激しい進学競争が起こり、「受験戦争」という言葉も生まれました。少し前の親世代では実際に受験戦争を体験した人も多いはずです。その結果、親や教師は子どもたちに、エスカレーター式に大学へ進学できる中学校や高校の受験を推奨するようになり、社会全体に、高校からの大学受験はエネルギーの浪費であるかのような風潮が生まれました。しかし、本当にそうでしょうか。

私は日本中の中学や高校を訪れて「性教育」をしています。だから、日本で超一流と言われる中高一貫校を含めた教育関係者と話す機会がよくあります。その人たちは異口同音に、現代の若者たちへ警鐘を鳴らしています。成績がよくて超一流大学に進学しても、コミュニケーション力が育っていないために人と話すことができない男の子や、社会人になっても社会や企業のルールを守れない若者たちが増えていると、危機感を募《つの》らせているのです。

実際に、超一流の大学は出たけれど、社会に、会社に適応できないという人たちも多くなっています。他人とかかわることが極端に少ない環境で育ったため、就職しても、大勢の人がいる部署では怖くて勤務できないという人も少なくありません。

小さい頃から成績だけを気にするのではなく、まわりの子どもたちとコミュニケーションが取れるように育っているかを気にかけてください。親しい友だちはいるのか、クラスや部活では仲間とかかわりを持てているかなど、日常生活を観察してみるといいでしょう。

自立できる子に育てる

今、子育てに関する情報はたくさんあります。しかも、どんどん更新されていますから、どれを信じたらいいのかわからない、迷ってしまうというお母さんも多いのではないでしょうか。それはお母さん自身に、子育ての目標が見えていないせいです。

とにかく、将来わが子にどうなってほしいか、何でもいいですから思いつくことをすべて書き出してみてください。以下にあげた例は、書き終わってから読むようにしましょう。

・いい大学に入ってほしい?
・幸せな人生を歩んでほしい?
・病気にならないでほしい?

わが子の将来を案ずる親であれば、いろんな思いがあって当然です。では、その目標を達成するには、どうすればいいのでしょうか。

・成績をよくするために塾に行かせる？
・いい伴侶を見つけてあげる？
・健康状態に細心の注意を払ってあげる？

こうして見ると、どれも子どもたちにとっては受け身だと思いませんか。

私たちは長い人生の中で、成功する時もあれば、失敗することも、つまずいて挫折感を味わうこともあります。わが子には、そんな時でも自分で立ち上がって、また歩み出せる力を備えた人に育ってほしい。こう考えるのが、本当の親心だと思いませんか。「獅子はわが子の自立を促《うなが》すために千尋《せんじん》の谷に突き落とす」という故事があります。実際には無理ですが、この教えには耳を傾けたいですね。

子どもには自立した人生を送ってもらいたい。そのためには、現実としっかり向き合うことができ、我慢するところは我慢し、できることを地道に一つずつ積み重ねていく力を身につけた人間に育てる。これこそ、お母さんとお父さんに課せられた大事な使命であり、子育ての目標といえるのではないでしょうか。

このように子育ての目標が見えていると、子どもに接する時の姿勢がぶれませんし、子育てに迷った時でも、深く悩まなくてすみます。

親の価値観を押しつけてはいけない

子育てをするうえで、肝に銘じておいていただきたいことがあります。それは「正しいこと」についてです。

世の中で、「正しいこと」って何でしょうか。たとえば、その時代の正解が、次の時代では不正解になることはよくあります。社会のルールも法律も、時代とともに変わります。だからこそ、その時代の「正しいこと」を子どもに押しつけてはいけません。当然ですが、親が正しいと思うことを押しつけるのも、絶対にやめてください。

もしも、その時代に親がいいと思っていた価値観を植えつけられたり、他者を排除したりする考え方を鵜呑《うの》みにしたお子さんが、将来医者になったとしたら、どんな医者になると思いますか。たとえば、

・コンドームを使わないからＨＩＶ（エイズウイルス）に感染するんだよ。
・食べ過ぎるから糖尿病になるんだよ。
・たばこを吸うから肺がんになるんだよ。
・検診を受けないから末期がんの状態で見つかるんだよ。

・こんな患者なんて診てられないね。

患者さんに対して、このような暴言を吐《は》くかもしれません。自分の価値観と違うことをした患者さんを責めるだけで、患者さんのつらさや痛みを想像することもできない。こんな医者に、あなたは大事な命を、残された貴重な時間を預けられますか。冗談じゃないですよね。これは医者に限ったことではありません。人間として、大人として、相手を思いやることのできない未成熟な人と言えます。

一つの価値観を押しつけるのではなく、わが子の個性をしっかり把握して、その個性を伸ばせるような柔軟な子育てが大事なのです。でも、親だけではそのような子育てはできません。だから、まわりの人たちとの交流やかかわりが大事なのです。

コミュニケーション力を育むコツ

環境整備が大切

日本で、とくに大都市とその近郊に住む人たちの家族構成は、親子二代の核家族です。このような核家族化が進む以前は、三世代や四世代が同居するのは当たり前でしたから、子どもたちは家の中でコミュニケーションの取り方を学ぶことができました。これは、コミュニケーション力の上達を謳《うた》ったセミナーやカルチャースクールに行くより、ずっと効果があります。

朝起きた時に家族の誰かと顔を合わせれば「おはようと言いなさい」としつけられましたし、朝ご飯や夕ご飯はみんな揃って食卓に着くのは決まり事として絶対でした。かつては当たり前のように、自然に学べる環境があったのです。

だからといって、今の日本の住居事情や家庭の事情、ライフスタイルなどを考えると、核家族をやめて、昔のような三世代や四世代が同居する生活に戻しましょうというのは、無理な相談です。そんなつもりもありません。以前は、当たり前のように学べる環境があったことを、意識していただきたいのです。

人間は、訓練をして初めて何かができるようになる存在です。しかし、最近は子どもに知識としての「常識」を身につけさせようとしたり、「当たり前」のことができるのを無条件に求めている親が多いようです。

お母さんが習慣になっていることを、ちょっと思い出してください。たとえば、知り合いと出会った時には、お母さんたちは当たり前のように「こんにちは」と挨拶《あいさつ》してコミュニケーションを取っていますよね。挨拶し忘れて気まずい思いをしたことがあるかもしれません。でもそれって、本当は「当たり前」のことではなく、「訓練の賜物《たまもの》」です。幼い頃から、「知っている人に会ったら挨拶しなさい」と、親から繰り返し教えられたのではありませんか。あるいは、相手から挨拶されたのかもしれませんね。

ぜひ、自分が「常識」や「当たり前」を身につけた環境を振り返ってみてください。その時に教えられたり訓練されたことを実行すればいいのです。子どもたちの目線に合わせて、まわりをもう一度見直してみませんか。いいコミュニケーションのヒントになることがざくざくあるはずです。

知識を詰め込むだけではダメ

じつは、私は大学受験に失敗し、見事に一浪となりました。京都生まれの関西人としては、何が何でも京都大学（といっても医学部ではなく入れそうな工学部）を目指しました。当時は「京大に入るならここ！」と太鼓判を押されていた予備校を受験し、見事に合格しました。だから私は、「これで京大入りは保証された」と変な勘違いをしていたのです。しかし、予備校での学びは本当に勉強になりました。

とくに忘れられないのが、物理と化学の授業でした。どちらも受験の必須科目だったので自分なりに勉強していたつもりでしたが、その二つの授業はただ聞いているだけで、頭の中に高校時代から詰め込んでいた「知識」が見事に整理され、理解へとつながりました。結果として、どちらの科目も偏差値で一〇もアップしました。

その当時は、「上手な授業」「すごい講師」としか思いませんでした。でも、今振り返ると、先生方の授業は私にとって新しい知識を身につける場ではなく、すでに自分の中に詰め込んでいた知識を、「応用する力」「考える力」「生きる力」に高める作業として、繰り返し教えてくれていたのです。これが成績アップにつながりました。

ここで言う知識とは、あくまでも情報を教育された結果として、詰め込まれた記憶を指します。この記憶された知識が考える力や生きる力になるには、それらを頭の中でつなぎ合わせる作業が必要です。いろんな試験問題を解けるようになるには、考え方や物の見方を教えてもらうことも大事です。それも知識としてではなく、その人なりの思考パターンとして聞かせてもらい、自分の考え方を整理することが効果的だと学びました。

予備校で勉強の仕方に開眼した私は、翌年無事に自治医科大学医学部に進学することができました。しかし、医学部の勉強のほとんどは丸暗気が求められました。そのような記憶力に頼る試験に、私は苦戦しました。ちょうどそんな時、医大生仲間が勉強会に誘ってくれて「とにかくこれを覚えろ」と繰り返し教えてくれたのです。「どうしてこの病気はこのような症状が出るのか？」などと聞こうものなら、「この病気はこの症状とだけ覚えろ」と怒られ続けました。その甲斐あって、何とか医師国家試験にも通りました。

そんな私が、本当の意味で医者として一つひとつの病気を理解できるようになったのは、その病気とともに生きている患者さん一人ひとりの生活や考え方に触れてからのように思います。悪い医者の例として「病気を診て患者を診ない」と言われますが、病気に関する詳細な知識があっても、患者さんとのコミュニケーションを通して、その人は何が今一番つらいのか、何に困っているのかをきちんと聞き出して受け止める力がなければ、いい医者にはなれません。このことに改めて気づきました。

「急がば回れ」とはよく言ったものですね。情報だけを詰め込み、知識を増やし、何とかその場を乗り切ろうとしても、全体像を理解できていないと、その知識は考える力や生きる力にはなりません。学校でも家でも、知識の詰め込みをした後に、その知識を活かしたコミュニケーションを重ねる必要があります。

「聴く力」をアップさせる

「えっ？　岩室先生は泌尿器科医ですよね。そのあなたがコミュニケーションを語るのですか？」そんな声が聞こえてきそうです。

どうも日本人は「専門家」という言葉に弱く、逆に門外漢の話には、それが事実であっても耳を貸そうとしません。「性教育」を伝えている泌尿器科医の私が、コミュニケーションをアップさせるには「聴く力」が大切だと訴えても、「うさん臭い」という「評価」をして切り捨てようとする人がいます。

でも、ここは騙《だま》されたと思って、たくさんの子どもたちと触れ合っている泌尿器科医が語る「聴く力」に耳を傾けてみてください。

そもそも「聞く」と「聴く」の違いを私に教えてくれたのは後輩の医師でした。「十四の心で聞く」のが、本当に「聴く」ことだと教わり、当時の私は目からうろこがポロポロ落ちたことを覚えています。「十四の心」にはさまざまな説があるようですが、例としては、受容する心・共感する心・好意的な心・興味を示す心・肯定する（認める）心・優しい心・理解する心・ゆったりした心・誠実な心・先入観のない心・明るい心・公平な心・信頼の心・感謝の心などが有名です。

こうしてみると、「聴く」のはすごく難しくて、高度なテクニックを要するものだと思うかもしれませんが、実際にはそうでもありません。

子どもたちが「聴く力」を身につけるには、まずはお母さんやお父さんが「聴く」ことを楽しんでください。わが子の話に興味を抱き、それを理解したうえで、親は自分なりに受け止めることが大事です。そのうえで、「この子はなぜこんなことを言うのだろう?」「いつからこんなことを考えられるようになったのだろう?」と、子どもの成長を楽しめばいいのです。

反対に、子どもたちは親との会話で理解できなかった時やうまく受け止められない時は、お父さんやお母さんに問いかけながら、落とし込む作業が必要になります。ですから、子どもたちが「なぜ?」「どうして?」と質問してきたら、うるさいとか面倒くさいと思わずに、一緒に考えながら答えるようにしてください。

「子どもはお母さんから生まれるのに、どうしてお父さんに似ているの?」などと聞かれたら、「待っていました」とばかりに、その子が納得できる答にたどり着けるまで一緒に考え続けてみましょう。そうなのです。性に関する会話は親子で真剣に考える素晴らしいチャンスです。もしかしたら、誰も考えつかなかったような素晴らしい答が見つかるかもしれません。

こうやって日常の会話を通して、お母さんやお父さんはかわいい子どもたちに対して、聴く力をぜひ養《やしな》ってください。そして同時に、自分がうまく伝えられない時は、SOSを発信してもいいのです。ぜひ、助けを求められるネットワークづくりにもつなげてください。

想像力を育み記憶に残る声がけをする

会話ではちゃんとコミュニケーションが成立するのに、メールだけだといいコミュニケーションが生まれないことは多くの大人が経験しています。精神科医の北山修さんは「目から入る情報（映像など）はわかったような気になるのに対して、耳から入る情報（ラジオなど）は想像力を育み記憶に残る」ということを述べています。私もこの意見には大賛成です。予備校で私の成績が上がったのも、耳学問のおかげでした。

会話では、その人の表情や声の抑揚、言葉づかいなどから、今この人は怒っているのだろうか、急いでいるのだろうか、自分をどう思っているのだろうかなどと、さまざまなことを考えています。つまり、単に言葉だけが耳に入るのではなく、付随してたくさんの情報も盛り込まれています。私たちは無意識にそれらを総合的に判断して、イメージを膨らませ、記憶の中に落とし込む作業を行っています。

それに対して、テレビやパワーポイントの画像など目から入った映像情報は、わかったような気にはなりますが、じつは記憶にはあまり残っていません。

では、メールはどうでしょうか。一字一句を読み込もうとしても、そこには相手の真意のニュアンスを伝える音声は入っていません。メールの多くは絵文字でびっくり(!)や涙(;_;)、笑(^^♪)などが表現されていますが、これらも映像と同じで、わかったような気にはなります。しかし、真意は必ずしも伝わりませんし、記憶にも残りません。

お母さんやお父さんの中には、学生時代の試験前に教科書を何度見ても覚えられなかったことが、ノートにそっくり書き写すだけで、不思議と頭に入ったという経験をした人も多いのではないでしょうか。書き写す作業は無意識に心の中で音読していますから、自分で自分に話しかけている状態です。だから、耳から入った情報と同じように、頭の中で整理され、記憶に残るのです。

親が語りかける声は子どもたちにとって重要な情報であり、想像力という大きな財産を育んでくれます。そう考えて、お父さんやお母さんは子どもたちにたくさんの優しい言葉をかけてあげてください。

家族で一緒に食卓を囲む

読んで字のごとし、「人間」というのはすごい言葉ですね。人の間にいることを表しています。つまり、人間は人と人との間でしか生きられない存在ということです。

そして、人間には自分の居場所が必要です。私が考える「居場所」とは、誰かとつながる中で、気がつけば何となく支えられたり、支えたりできる場所のことです。もちろん、疲れを感じた時などは一人でいたいと思うこともあるでしょう。しかし、だからといって、ずっと一人でいると精神状態がおかしくなります。その居場所で家族や仲間、かかわりを持った人たちとつながる手段が、コミュニケーションなのです。

かつては、家庭の食卓が家族のコミュニケーション力を育む場でした。でも、核家族化の進んだ今、食事もライフスタイルに合わせて一人ずつ食べるという「孤食」の時代になりました。では、子どもたちはどうやってコミュニケーションを学べばいいのでしょうか。大変ですが、友だちや仲間を通じていろいろなことを学ぶしかありません。

夕食を家では食べない人たちも多いため、そのうち夕食は「友食」と書くようになるのではないかと危惧《きぐ》しています。でも、「友食」なら友人と食べるのですから、まだ救いはあります。コミュニケーションを取る相手がいるということですから。しかし、その一方で、一緒に食事をしながら、それぞれが別々の人とメールをしているという光景もよく見

充実した一日の始まりは、誰かと一緒に食べる朝食から。

かけます。これでは何のための「友食」なのでしょうか。食事ではなく、餌《えさ》を食べる「食餌」になっているように思いませんか。

ぜひ、子どもが小さいうちは一日に一回でもいいので、二人以上で食卓を囲む場をつくってください。残業のあるお父さんやお母さんなら、夕食を一緒に食べることは無理かもしれません。そんな時は、朝食を子どもと一緒に食べてあげてください。朝ご飯は心と体をつくる一日のエネルギーの源《みなもと》といえます。

学校給食も「おいしい」という思いや感動を共有できる素晴らしいコミュニケーションの場です。何を隠そう、私自身、給食の時間が楽しみであり、友だちとの格好の話題でした。

男の子との向き合い方

絶対に子どもに言ってはいけない言葉

最近、子どもたちと話をしていて強く感じることがあります。それは、日本では学校だけではなく、家庭でも地域でも、「考える」人間を育てていないのかなということです。この事実にちょっと怖くなりました。お母さんは、わが子に「親の言うことを聞いて、あなたは余計なことを考えないで勉強だけしていればいいの」と言ったことはありませんか。これは親の禁句、絶対に言ってはいけない言葉です。

ここでは、親として子どもへの禁句をあげておきます。

・親の言うことだけを聞いていればいい。
・余計なことを考えないで勉強だけしていればいい。
・○○君みたいにならないようにしなさい。
・あんな子とつき合わないほうがいい。

わが子がトラブルに巻き込まれることを心配する親は、子どもの交友関係に神経質になりがちです。相手の子に少しでもやんちゃな面が見られたり、危険な香りを察知したりすると、どうにかして、そこからわが子を遠ざけようとします。明らかに法に触れる行為をして社会的に迷惑をかけている子どもや家庭というのなら、そこからわが子を守ろうとするのは、親として当然ですし、大切なことです。

でも、それ以外なら、なぜその子とつき合わないほうがいいのかを、親なら子どもとともに考えられるようになりたいものです。

物事の善悪をきちんと見分けられ、自分の考えを持っている子どもなら、今の自分のポジションを判断でき、相手の子とどのようにつき合えばいいのかわかっているはずです。「うちの子は考えられないだろうから口を出すのです」と言うのであれば、親が口を出す前に、そもそも考えられない子どもになった理由や、それまでの親の育児姿勢を、見直すべきだと思いませんか。

子どもの前で、人の悪口は言わない

また、お母さんとお父さんはわが子の前で、絶対に誰かの悪口を言わないようにしてください。たとえ、気の合わないお姑《しゅうとめ》さんや意地悪な隣人であっても、悪口は慎《つつし》みましょう。

子どもは親をまねながら育ちますので、女の子の場合などは一緒になって悪口を言うようになります。反対に男の子は、小さくても正義感の強い部分がありますから、いつも人の悪口ばかり聞いていると、口は災《わざわ》いのもとと思って無口な子どもになってしまいます。何より、他人の悪口や陰口は、子どもにとっても決して愉快なものではありません。

悪口や噂話をしている時、お母さんやお父さんは自分の顔を一度鏡で見てみてください。きっと自分でもびっくりするほど、意地悪な顔つきになっているはずです。そんな顔は、できれば子どもに見せたくありませんよね。

お母さんがわが子に、お父さんの悪口を吹き込むのも絶対にやめてください。ましてや、子どもの前で、夫婦喧嘩《ふうふげんか》をするなんてもっての他です。子どもたちの世界はまだ狭いですから、お父さんとお母さんの仲が悪いのは「自分のせい」だと思ってしまうこともあります。

どうしても悪口を言わなければならない時は、子どものいないところを選びましょう。

こうして意識することが大事なのです。気がつけば悪口を言う回数が確実に減ります。最初から完璧を求めるのではなく、少しずつ改善しながらいい方向を目指し続けましょう。

ダメな部分は、ゲーム感覚で楽しく修正する

私は保健師さんによく、「メタボの人の保健指導、やせるための指導ではどのような声がけをしていますか」と聞きます。多くの保健師さんは「まずは、あなたのこれまでの食生活や運動習慣を振り返ってみましょう」と声がけすると答えてくれます。

でも、もしもあなたがメタボで、保健師さんからこのように言われたらどうでしょうか。「自分でわかっていますよ。飲み過ぎ、食べ過ぎ、運動不足です。だいたい太った保健師さんに言われたくないわ」となるのではないでしょうか。

一方で、太った保健師さんが「おいしいものが目の前にあるとついつい食べちゃいますよね。私も人のことは言えません。でもやっぱり、太っていることは健康上のいろんな問題を引き起こしますから、どっちが先にやせるか競争しましょうか？」と言ってくれたとしたらどうですか？　何となくがんばってみようかなという気持ちになりませんか。

このことは、子育てをするうえでも大きなヒントになります。できないことやダメな部分を見つけて頭から叱《しか》ったのでは、子どもたちは否定されたと思ってしまい、素直に謝ることができません。何度も言うように、とくに男の子はプライドの生き物ですから、反抗したりします。見て見ぬふりをすることも、時には必要です。

そうはいっても、そのままにしておくのは不安でしょう。そこで、メタボの保健師さんのようにダメな部分を上手に利用するのです。

私の「おちんちん外来」でも、兄弟や友だちと連れ立って受診した時は、「どっちが先にできるかがんばってみよう」とか、「今日はどっちが泣くのかな?」などと言って、ちょっと競争心をあおります。

おもちゃを片づけられない、いつまでも宿題に取りかかれないという子どもには、「お母さんとどっちが早く片づけられるか競争しよう!」「お母さんが夕飯の食器を洗うのと、宿題が終わるのとどっちが早いかな?」などといって、競争してみてください。男の子はゲームも大好きですから、きっと乗ってきます。しかも、プライドが高いため勝ち負けにこだわりますので、大好きなお母さんに勝ちたいとがんばります。これを続けていると、いつのまにか習慣として身についてしまいます。

こんなふうに、時にはゲーム感覚でいい方向に導いてあげると、子どもは抵抗なく楽しんで生活態度を改めることができます。自分のことは自分でできる男に育つ、子育て成功の秘訣です。

男の子には挫折を経験させる

「守ってあげたい」は危険信号

お母さんはわが子を猫っかわいがりして、自分の懐《ふところ》の中で守ろうとしていませんか。

お母さんの感覚は、娘の場合と息子の場合では少し違うと思います。娘の場合は自分の経験に照らし合わせることができます。たとえば、月経を含めていろいろ経験する中で育つことをお母さん自身が身をもって体験していますから、そのことを自分の娘に当てはめて考えられます。だから、この娘もちゃんと育つという自信や余裕、安心感が持てるのでしょう。

一方、息子の場合は自分とは異なる性であるため、「よくわからない」を言い訳に、「守ってあげたい」という気持ちが前面に出やすいのです。おなかを痛めて生んだかわいい息子が、苦労したり悩んでいる姿を見たくないという本能的なものもあるでしょう。そんなお母さんの気持ちはよくわかります。でも、「守ってあげたい」という思いが強過ぎるのは、危険信号が点滅した状態です。

なぜなら、社会に出るとその荒波は容赦なく息子の人生を襲ってきます。普通なら、順番からすればお母さんのほうが早く亡くなります。つまり、自分より長生きするであろう息子の一生を、お母さんが守り通せるはずなんてありません。自分の亡き後は、大人になった息子を一体誰が守ってくれるのでしょう。人生の荒波にもまれてもがき苦しむ息子に、手を差し伸べることはできません。大富豪でお金を残してもらっても、決して幸せではないはずです。幸せは何より人とかかわる中から感じ取るものだからです。

だからこそ、わが子には「自立心」という財産を残してあげましょう。これは決してお金には換算できない財産なのです。

「つらい思いはさせたくない」と思ったら親失格

子どものことを本当に愛していたら、挫折感を体験させるべきです。もちろん、悪意を持ってつまずかせたり、わざと失敗させなさいと言っているわけではありません。「子どもの学びとなるような経験をさせましょう」ということです。

昔から「かわいい子には旅をさせよ」という諺《ことわざ》もあります。これは「わが子をかわいく思う親なら、子どもを甘やかさないで、世間に出して苦労をさせなさい」という意味です。つまり、かわいいわが子の将来に本当に関心があり心配しているのであれば、多くのつらい試練を経験させてあげなさいと、教えています。

かわいい息子に、次のような思いを抱いていたら、すぐに捨ててください。

・つまずかせたくない。
・傷つかせたくない。
・失敗させたくない。
・つらい思いをさせたくない。
・恥ずかしい思いをさせたくない。

ここまで読んでもまだ、息子に「挫折感なんて味わわせたくない」「守ってあげたい」と思っているお母さんがいるとしたら、少し言葉はきついかもしれませんが、残念ながら親失格です。

かわいいわが子が試練を経験したら、お母さんはまず、つらい思いに耐えた子どもを認めてあげてください。その後に、達成感を味わわせたり成功体験をいっぱい積ませてあげましょう。

そのために親ができることは、これらの体験ができる環境を整えることです。第二章で述べた男と女の心の違いの特徴を思い出して、自分なりに応用すればいいのです。肩の力を抜いて、わが息子を観察してみてください。きっと毎日の生活の中にたくさんのヒントがあります。

子どもにとって、経験は宝物

昔は「子どもの喧嘩に親は首を突っ込まない」というのが、子育てでは暗黙の了解でした。親が首を突っ込むと、せっかくそこで生まれようとしていた子ども同士のストレスが消えてしまうこともあります。このような考え方は「後づけ」と言われるかもしれませんが、とにかく、親には経験的に「喧嘩ができないようじゃ、まともな人間になれない」という考え方が浸透していたことは事実です。

しかし、こう話すと、「少々の喧嘩でも最近は『いじめ』につながる心配がある」とか、「喧嘩が陰湿化し、とんでもない『いじめ』に発展する可能性があるから絶対にダメ」などと主張する親御さんがいます。でも、そう言うあなたは、人をいじめた経験がないのでしょうか。自分はいじめているつもりはなくても、相手はいじめられたと感じる場面は多々あります。

ここでは、いじめがいいとか悪いとかを述べるつもりはありません。人間は他者をいじめる可能性を秘めた生き物だという事実を認めてほしいのです。人と人との間で生きていれば、いじめは日常茶飯事のように繰り返されます。体罰もいまだなくなりません。

ただし、いじめもやんちゃも体罰も加減が大事です。その加減は、まさに経験を通してしか学べません。私も体罰を受けたことがありますし、ある教師の体罰を受けた友人は耳の鼓膜が破れてしまいました。この時の衝撃は今でも忘れられません。結果的に友人の聴力に問題はなく、大事に至らず胸をなでおろしました。この時私は、体罰をする側にも加減がわかっている人とわかっていない人がいることを知りました。

もちろん、後遺症がなければ体罰はいいということでは決してありません。いじめや体罰を容認するつもりもありませんし、根絶する努力は必要だと考えています。

でも私は、相手の痛みをわかるためには、自分も同じような痛みを経験するしか学べないこともあると思うのです。私が体罰を受けた時も、友人が「まったくあの教師はすぐ手をあげるとんでもないやつだ」という思いを共有してくれ、自分自身の心のモヤモヤを晴らしてくれました。このような仲間がいれば、折れた心を立て直すことができます。

もう一つ、経験に関する極端な例ですが、知っておいていただきたいのでお話しします。お母さんやお父さんは、ナイフで人を刺してはいけないということは習っていないと思います。でも、子どもの頃に学校の図工の時間に彫刻刀を使っていて、手が滑って自分の指を切ったことはありませんか。あるいは家で、母親の手伝いをしていて包丁で指を切ったりしませんでしたか。その経験を通じて、ナイフや包丁で人を刺してはいけないことを学んでいたと思います。

しかし、今は子どもたちにちょっとした危険な行為を経験させせない親が多いのです。それも、子どもを危険な行為から遠ざけることが目的というばかりでなく、自分たちの都合で経験させせないのです。せっかくお手伝いしようとしている子どもに、「あんたがやると時間がかかるから手伝わなくていいわ」とか「勉強していなさい」と言う。こんなふうに子どもが生きる力を育む経験を重ねるチャンスを奪っていないでしょうか。どのような経験も子どもにとっては宝物になります。

自己肯定感を育むために

挫折感と関連して、子どもたちにぜひ身につけてもらいたいのが、自己肯定感です。子どもは誰かから認めてもらえると自己肯定感が生まれます。では、どのようにすれば子どもは自己肯定感を育めるのでしょうか。

親や大人から褒《ほ》められたり感謝されることは、子どもにとって立派な成功体験です。自分でできた時は「偉いね」、頼んだことができた時は「ありがとう」という言葉をかけてください。それだけで、子どもたちは自己肯定感を高めることができます。

じつは、子育ても同じです。お母さんだって、親や友だちから「子育てがんばっているね」と認められると、自己肯定感が高まりますよね。それなのに子どもにはつい、「この間も同じ失敗を繰り返して」とか、「前にも言ったでしょ」と過去の失敗を繰り返し指摘していませんか。こんな状態が続くと、子どもたちは自己肯定感を叩きつぶされたような感覚に陥るはずです。お母さんならどうですか？

じつは、自己肯定感は一人で勝手に「自分は大丈夫」「自分は偉い」などと認めるものではありません。他者とかかわることによって、自分の存在意義が確認できるものです。どうか、このことは覚えておいてください。

子ども時代はまわりの社会があまり広がっていません。だからこそ、子どもにとって自己肯定感を育んでくれる大事な相手は、身近な家族なのです。

頭の中に「?」をたくさんつくる

人と同じ意見でなくてもいい

私は子どもたちに向けた講演の中では、できるだけたくさんの生徒たちにマイクを向けるようにしていますが、「わからない」と答える子どもたちがとても多いのです。その時は、「先生方にお願いです。この学校でわからないという言葉は禁句にしてもらえますか」と伝えています。家でもぜひ禁句にしてくださいね。

おそらく多くの人にとって、人生の中で一番数多く重ねる失敗は言葉によるもの、失言ではないでしょうか。

人の前で失敗したくないという気持ちはよくわかります。「わからない」と答えた子どもたちも同じで、プレッシャーから逃れようとします。本当にわからない子もいるでしょうが、「ここでみんなと違う意見を言ったら、間違えたことになる。失敗したと思われて、みんなの前で恥をかく」と考えている子どもが少なくありません。じつは、子どもたちは自分と同じ意見や同じ考えの人ばかりではないことを知っています。だからこそ、あえて答を回避するのです。「わからない」は間違いでもなければ、相手やまわりの意見と異なることにもなりません。しかも、それ以上突っ込まれた質問をされませんから、プレッシャーから逃れることもできます。

そう考えている私は、「間違えたって恥ずかしくないよ。○○君の考えが聞きたいんだ」「男は間違えた数だけいい男になる」といって発言を促します。でも、隣の人の顔を見たりして、「考える」という行動にはなかなかなりません。「わからない」と答えている子の多くは、じつは「わからない」のではなくて、考えることを放棄してしまっています。

だからこそ、私は「わからない」ですまさず、しつこいくらいに質問します。その過程で自分なりの答を一つでも導き出し、それを言葉にして自分の考えをぶつけることが大事だと思っているからです。それによって、本人にもまわりの子どもたちにも、新たな気づきが生まれると信じています。

考えることを習慣づける

この本にはすでに何度も書いたように、誰だって失敗はしたくないものです。失敗を重ね続けるとストレスが溜まります。そこから逃げるには、「考えることを放棄する」か、「原因を探り、次の機会には失敗を回避する方法を考える」かのどちらかです。

考えることを放棄する際の一番簡単な方法は、他人のせいにしてしまうことです。今、そんな大人たちが増えているように思えてなりません。もしかしたら、大人たちこそ育ちはぐれているのかもしれませんね。

そこで、家庭ではぜひ考えることを身につけさせてあげてください。その子なりの答でいいのです。コツは「すぐに答を教えないこと」です。子どもの中に疑問符の「？」マークがたくさん立ち上がるようにしてください。「君はどうしてそう思うの？」「どうしてそんなことをするの？」「何が楽しくてそれをしているの？」と質問をぶつけて、子どもたちに考えさせることです。答を与える時も、きちんとした理由を言って、フォローするのも忘れないようにしましょう。

また、親子の間で繰り広げられるこんな会話を耳にしたことはありませんか？

親が何か聞いても、子どもたちは「別に」と答える。これは言いたいことがないか、人に伝えたい感動がないためでしょう。

「何が別になの？」と親が聞くと、子どもは「ビミョー」と言う。自分の言いたいことをうまくまとめられないから「ビミョー」なのかもしれません。

「ビミョーじゃわからないでしょ」と親が突っ込むと、「うるせー、わかんない」と子どもが言う。これも、相手が言っていることにうまく対応できないから反発してしまうのかもしれません。

「わかんないじゃ、わかんないでしょ」と親が言うと、子どもたちは「うざい、キモい」

と逆ギレする。相手との距離の取り方がわからないから相手を「うざい、キモい」と感じてしまうのではないでしょうか。

しかし、これでは会話になりませんし、自分の考えをまとめるという力も育ちません。だからこそ、考えるという作業を自分の中に習慣づけることが重要なのです。

習慣づけるといえば、子どもたちをサポートする大人たちも注意が必要です。

たとえば、子どもたちは朝夕の登下校時には、事故防止を目的に多くの地域のボランティアに見守られて通学していますが、危険に遭遇しないようにと見守り過ぎることも問題です。これでは、子どもたちは危機感がありませんし、そもそも危険について考えてもいませんから、自分で気をつけて道路を渡るという習慣が育ちません。大人たちはこのようなリスクがあることも意識して、登下校を見守ることが大事です。

相手の気持ちを理解できるようになる

一方で、子どもたちの発言の内容に私が、「本当にそれでいいの?」とか、「ふ～ん。○○君はそう考えるのか」などと言うと、「否定された」「全否定された」と思ってしまう子どもが増えています。このことは、とても気になっています。

そもそも子どもたちは、ずっと年上の言葉のつかい方も異なる大人と話したことなどほとんどありませんから、言われたことを自分勝手に解釈してしまいます。

私たち人間は、他人と同じようには考えられませんから意見も違いますし、時には「正しい」と思っていることさえ、ずれていることがあります。しかし、本来人間は、相手が間違えたことを言ったり、自分の考えと違うことを言った時でも受け入れられる存在です。だからそんな時こそ、「こいつ、俺と考えていることが違うんだな」と記憶に刻まれます。

でも、子どもたちの中には自分と違う考えを受け入れ、その人の考え方を尊重するという余裕のある心が育っていないように思えます。自分自身が違いを受け入れられないと、自分も「人から受け入れてもらえないのではないか」という不安にかられてしまいます。だから、否定したのでなくても「否定された」と感じる。怒っていないのに「怒られた」と受け止める。本当に「否定された」のか、本当に「怒られた」のかと考える前に、自分で決めつけてしまうのです。

この原因は何より「いろんな言葉」に、「いろんな表情」に、「いろんな人」に出会っていないからです。

メールだけの世界と相手の目や表情を見ながらの会話では、自ずと伝わる情報量が違ってきます。たとえば文字で「本当にそう思っているの？」と書かれただけでは、子どもたちにとって「その考えでいいんだね」という確認の意味なのか、「そう思っているとしたら間違いだよ」という否定の意味なのか、区別できません。そもそも疑問を投げかけられること自体、子どもたちは自分を否定されたと解釈してしまいますから。

だからこそ、子どもたちは直接顔を合わせて、表情を見ながら、言葉を受け取ることが重要です。こういう情報の交通整理には高度な技術が必要になります。何しろ、表情や言葉の意味を瞬間的に判断するのは、大人であってもすごく難しいことですから。

でも、多くの意見や言葉と出会うことを繰り返すうちに、投げかけられる言葉の微妙なニュアンスや相手の気持ちを理解できる技術が、必ず身についていきます。

我慢力を養うために

男の子には忍耐の経験を増やす

昔は、大家族でもテレビは一家に一台が基本でしたから、テレビの前に家族みんなで集まって同じ番組を見ることになります。ほとんどの家庭ではチャンネル権はおじいさんやお父さんにありましたから、子どもたちは自分の見たい番組を見られません。しかも、ラブシーンや子どもたちに見せたくないシーンが始まると、おじいさんやお父さんが慌ててテレビのチャンネルをガチャガチャと替えたものです。

こうして、子どもたちは理不尽な対応であれ、それを受け入れるしかありませんでしたから、耐えることを自然に覚えました。それと同時に、大人たちが性的な描写に異常に反応するのを見て、性は恥ずかしいものという認識が育ちました。

今も昔も、男の子を育てるうえで一番大事なのは、この耐えることを教えることです。しかし、今はこのような環境で育てることは稀でしょう。しかも、これまで繰り返し述べたように、お母さんはどうしても男の子に甘くなりがちです。だから、学校でも家でも、我慢力が足りない男の子が多いのです。

でも、男の子にこそ耐える力、我慢力を鍛える場が必要です。なぜなら、将来社会に出て活躍の場を広げたり、家族を守るために自分を抑制しなければならない場面が必ずあります。大人になってから困らないために、我慢できないお父さんにならないために、小さいうちから我慢力を養ってあげてください。

わが家のルールを決めよう

子どもの我慢力を育てるからと、何でもかんでも「我慢しなさい」と言っても、子どもは納得しません。泣いてだだをこねるようになります。ここで親が折れてしまうと、「ごねれば言うことを聞いてもらえる」と、子どもは勘違いしてしまい、ごね方がエスカレートしていきます。

だからこそ、お母さんやお父さんには、子どもが納得できるわが家のルールをつくってほしいのです。わが家のルールを守れるようになれば、当たり前のように社会のルールである法律を守ることの意味もわかるようになります。

わが子がほしがっているものを一度リストアップしてみましょう。たとえば、小さい子ならマックのハッピーセット？　ゲーム？　あげればきりがないはずです。経済的にゆとりのある家庭であっても、それらを一度に全部与えることはやめてください。ゆとりがなければ、そのことを理由にちゃんとほしいものが手に入る規則を決めましょう。たとえば、ハッピーセットなら三ヵ月に一回一つだけ、ゲームは誕生日のプレゼントに一つだけ買ってもらえるなどと、ルールをつくるのです。

最近は小学生で自分の部屋を持っている子も多いようですね。自分専用のテレビがある子どももいます。家族に気をつかったり遠慮したりすることもなく、好きな時に好きな番組を好きなだけ見ることができます。

しかし、これでは理不尽な思いを経験することもありませんし、我慢する力を養うことも、さらに、家族とコミュニケーションを取る力も育ちません。そこで、子ども部屋を与える時に、テレビを置かないことをわが家のルールとして決めてしまえばいいのです。パソコンはもちろん共用にしたいものです。スマホを持たせることは、我慢する機会を減らすことだと思ってください。

このように家のルールをつくると、最初は子どもの反発に合うかもしれません。たとえば、「○○くんちはそんなに厳しくない」と比べて抵抗するかもしれません。しかし、ここが親の忍耐力が試されるところです。お母さんは自分に言い聞かせてください。「この子を自立した強い男に育てたいのか。それとも自立できない弱い男に育てたいのか」と。そしてお子さんには「あなたがカッコいい大人に育つためよ」と伝え続けましょう。

「理解のある母」を演じてはダメ

息子が少し大きくなったら、家族で絶対に定めてほしいルールがあります。それは性に関することです。

でも、息子が高校生になると、急に「理解のある母親」に変身するお母さんがいます。「彼女ができたのだからセックスをするのはしようがないけど、妊娠だけは困るのよね。だからコンドームを与えたい」などと口にする人もいます。このお母さんは、息子をどんな男に育てたいかという、子育ての目標を完全に見失っています。今一度子育ての目標を振り返ってみてください。息子に嫌われないことや理解のあるいい母親役を演じることが、目標ではないですよね。目標は「いい男」に育てることでしたよね。

繰り返しになりますが、いい男に育てるには、とにかく息子に我慢させましょう。小さい子ならまだ素直ですから、親の言うことを聞いてくれるでしょう。でも、思春期まっただ中の反抗期の男の子に、やみくもに我慢だけを押しつけるのは無理です。やはり環境づくりが大事になります。

じつは、思春期の男の子にとって我慢するのが一番難しいと言われるのは、欲望の中の性欲と食欲です。とくにセックスができるパートナーがいる男の子だったら、一日も早く体験したいはずです。それも繰り返し体験したいのです。それなのに「わが家のルール」

として「高校を卒業するまではセックス禁止」と決めてあったら、どれだけ反発し、悩み、親を恨《うら》むことでしょう。でも、男の子なら自分と葛藤《かっとう》する時期が必要です。

お母さんやお父さんは、わが子に本当に我慢力を養ってもらいたいと考えているのなら、ここは一つ腹をくくってください。子どもから「イマドキあり得ない！」と言われ、恨みを買うことを覚悟して、それがあなたが育った家のルールと決めてしまいましょう。

「こんなルールを決めても結果的に息子がセックスをしてしまったら同じじゃないの？」と思うかもしれませんが、じつはそうではありません。どんなルールでも、それを破った時は後味が悪いものです。後ろめたさというストレスも、それはそれで大事なものです。

もしも、子どもが「ばれなきゃいい」と思っていたら、性教育以前の問題です。育て方を大いに反省してください。

第四章

思春期の男の子たちへ

今の時代、思春期は誰でも当たり前に経験できるものではありません。この章では、心も体も著しく成長する大事なこの時期だからこそ、知っておきたい情報と悩んだ時の対処法を述べました。

子どもたちにも、ぜひ読んでほしいという思いを込めて書きました。

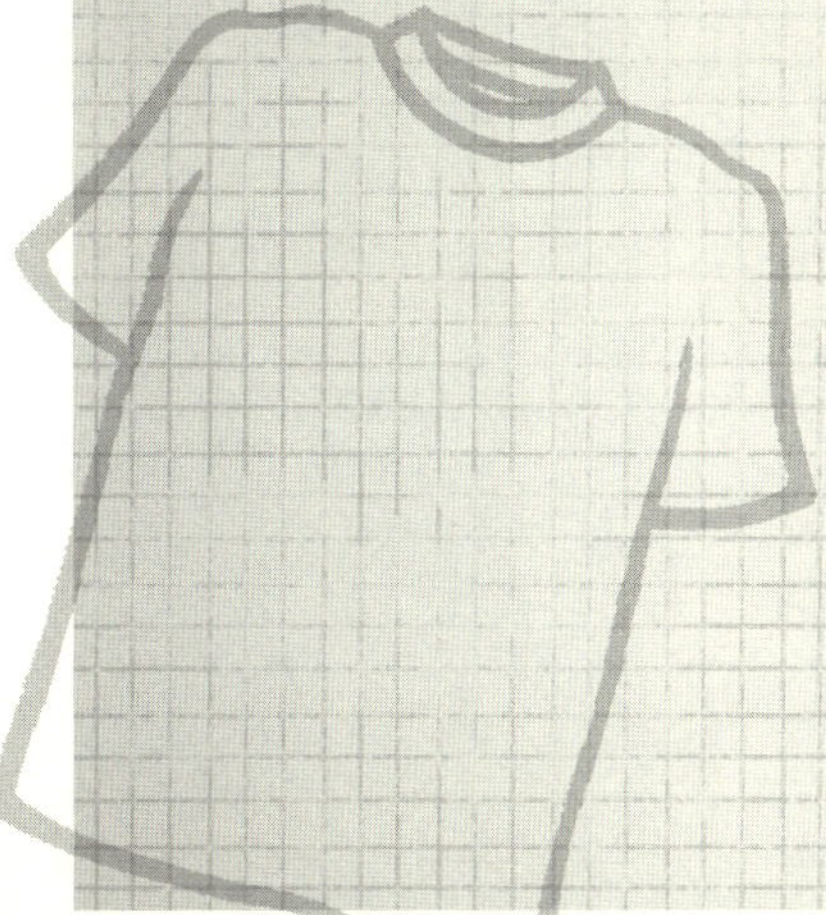

思春期をしっかり経験しよう

思春期を経験しない男は弱い

私は講演や診療などで多くの若者たちとかかわっていますが、若者たちの実態を知るにつれ、「思春期は誰でも同じような経験を重ねる」というのは、幻想でしかないことに気づかされました。

とくに最近強く感じているのは、思春期を経験していない若者たちが増えていることです。みなさんは、思春期は当たり前のように訪れ、気がつけばその嵐に巻き込まれ、そして通り過ぎるものだと思っていないでしょうか。何を隠そうこの本を書いている私も、以前はそう思っていました。

確かに今の若者たちの体は、それなりに発達しています。というか、私たちの頃と比べれば、体格ははるかによくなっています。しかし、今の子どもたちは第二次性徴ときちんと向き合っていません。第二次性徴は子どもから大人の体へ変化していく時期です。女の子は女性ホルモン、男の子は男性ホルモンの分泌が増え、性差が顕著になります。

でも、子どもたちの多くは、この第二次性徴に伴って揺れ動く自分自身の、そして友だちや周囲の人の心の変化にきちんと向き合えていないのです。その結果、心の病《やまい》を含めたさまざまな問題を抱え込んでしまいます。

もう少し詳しく説明しましょう。第二次性徴で起こる体の変化については、子どもたちは保健の授業や教科書で正確に教わります。自分に発毛や精通（初めての射精）が起きることも事前に教えられていますから、「教科書に書かれていた体の変化が自分にも起こっている」ということはわかります。でも、それだけのことです。これは第二次性徴で悩まないための事前学習が功を奏したとも考えられますが、果たしてそのように受け止めてしまっていいのでしょうか。

第二次性徴は思春期の最大のイベントとも言えるもので、昔であれば体の変化は仲間にとって格好の比較材料となりました。「お前、ちん毛が生えたな」などとからかわれたり、どっちのペニスが大きいか比べて悩んだりしました。しかし、今は単なる通過点でしかなくなっています。このような思春期を送っている今の若者たちは、六〇代に足を突っ込んだ私たちが思春期だった頃と比較して、間違いなく弱くなりました。

失恋は恥ずかしいことではない

思春期の若者の最大細心の関心事と言えば、何といっても他者への恋愛感情の目覚めでしょう。

かつての思春期の若者たちは性欲に目覚め、パートナーがほしいとなったら猪突猛進、当たって砕けろという思いに駆られました。でも、実際に当たって砕けてしまう失恋というつまずきは、それまで経験してきたどんな失敗よりもはるかにつらい、強烈な体験です。自分がこの世界から全否定されたような悲惨な感覚を味わうことになります。でも、人が成長するうえでは失恋も大事な経験です。そんな時でも、つまずきから立ち直れる環境があれば、若者たちはチャレンジを続けられました。

一方で、現代の若者たちはどうでしょうか。そもそも失敗したことも、傷ついたこともない中で、失恋という一大事に立ち向かえるはずがありません。

人は生き続けている限り、つまずいて傷つきます。その傷ついた経験を自分の中で長い時間抱え込んでしまうと、ストレスとなって心が淀みます。そうならないように、自分の胸の内を誰かに語る必要があります。ここで大事なのは、自分自身と同じように失恋を経験した仲間たちの存在です。傷ついているのは自分だけじゃない。友だちのこいつも同じなんだと知ると、お互いがお互いを癒す関係になれます。人と痛みを共有した経験こそが、自分自身の本当の幸せにつながると、私は思っています。

でも、自分が傷ついた経験を人に語ることは、未熟な自分の失敗を開示することでもあります。だから今、語らない、語れない若者が増えているのでしょう。

失恋の経験でしか得られないこともある。

さらに問題なのは、語れないだけでなく、傷つく経験をしたことがない人や傷つくことから逃げ続けている人たちです。本能的に失恋という傷つく経験を避ける一方で、性的な興味がないわけではないので、何かにかかわり続けたいという欲求から、二次元やゲームにハマります。

このように三次元である、リアルな、生身の人間との恋愛を避け続けている人たちは、将来的には恋愛もせず、家族もつくらず、一人で生きていくことになるのでしょう。それも本人の選択肢だからしかたがない、と思う人もいるかもしれません。しかし、人と人の間でしか生きられない人間だからこそ、他人とつながるチャンスの一つである恋愛を経験してもらいたいのです。

「手淫《しゅいん》」のすすめ

そんな思春期の男の子にとって、マスターベーションは古今東西の必須科目であり続けています。なぜなら、マスターベーションは男の性衝動を解消する大事な手段だからです。男には、「興奮→勃起→射精→満足→おしまい」という性衝動を解消するサイクルが本能的に身についています。しかし、これを解消してくれる発散方法がわからないと、モヤモヤ状態が続きます。そして、ある日爆発します。最悪の場合、レイプという犯罪行為に及ぶ可能性さえあります。

マスターベーションは日本語にすると「自慰《じい》」や「手淫」です。この中でも、私が今の若者たちに一番伝えたいのは、広辞苑にも載っている「手淫」のすすめです。読んで字のごとし、手でペニスを刺激して射精につなげることです。この方法をきちんと教えなければいけない時代になりました。

昔はマスターベーションの仕方は仲間から教わるものと、相場が決まっていました。ちょっと先を走っている兄や従兄《いとこ》、近所のお兄ちゃんや仲間が、自慢げに「手でちんちんをこすると気持ちよくなって、先っぽから白いものが出るんだ」と教えてくれたものです。しかし、今はこんな関係はぷっつり断たれています。

それなのに、大人たちは自分たちの経験と照らし合わせていて、男の子はマスターベーションを自然に覚えるという錯覚に陥っていますから、正しい方法を教えることをしていません。

そのため、とんでもないマスターベーションをしている子どもたちがいます。最近増えているのがペニスを床やベッド、机などにこすりつけて射精し続ける男の子です。ペニスを本で強くはさんだり、たたいたりして射精している男の子もいます。この男の子たちの中には、将来、生身の人とのセックスだと、膣内でペニスが受ける刺激が少ないために勃起が持続しなかったり、実際に膣内射精ができなくなったりする人もいます。結果として、まともなセックスができず、われわれ泌尿器科に駆け込む男たちが後を絶ちません。

将来は、中学の保健体育の教科書にこう書かれるかもしれません。「正しいマスターベーション、手淫の仕方とは、自分の手を使って陰茎亀頭部を刺激して射精をすること。その目的は将来正しい性交をし、射精そして受精ができるようにすること。また、間違ったマスターベーションの仕方とは、ペニスを床、ベッド、机などにこすりつけること。その結果、膣への挿入ができなくなり、意図的な射精や膣内射精ができない」こんなことを義務教育として、中学の授業で教える時代がきたら、悲しいことだと思いませんか。

性が与えるジレンマから逃げてはいけない

今と昔、男の子の性事情

ここでちょっと、六〇代の私と今を生きている若者たちの思春期の性の環境の違いを検証してみましょう。

遡《さかのぼ》ること四十数年前、私が性的好奇心に目覚めた中学生の頃は、「性は恥ずかしいもの」という刷り込まれた感覚がありました。一人では後ろめたかったのと実際に入手が困難だったので、仲間とかかわることによって性の情報を手に入れていました。当時の『プレイボーイ』や『平凡パンチ』といった週刊誌に載ったヌード写真に胸を躍らせ、東京スポーツのポルノ映画の広告にときめき、そして、スポーツ新聞に連載された川上宗薫の官能的な小説を楽しみにしていました。

しかし、これらのメディアにたどり着くまでのハードルはけっこう高く、最初はそれらを学校に持ってくるワル仲間に見せてもらっていました。そして、徐々に自分でも買えるようになりました。といっても、買うたびにドキドキものでした。本屋には店番の親父《おやじ》がいるし、誰かに見つかったらどうしよう。このことを学校に通報されたらどうしよう。好きな女の子にこの場面を目撃されたらどうしよう。それが大きなストレスであったことは間違いありません。

高校生の時に、当時、性のバイブルとも言われた『HOW TO SEX』(奈良林祥著)は、地元ではなく、わざわざ何駅か離れた本屋まで買いにいきました。そのことを四〇年以上経った今でも鮮明に覚えています。

さらに、初めてコンドームを買ったのは予備校生の時です。早朝五時頃、誰もいない商店街のコンドームの自動販売機に一〇〇円玉を四枚入れる音がやけに響いたことや、実際に箱入りのコンドームが「ガシャーン」という大音響で出てきた時の胸の高まりは、今でも忘れられません。「予備校に行きながら何を考えていたのか。そんな暇があったらもっと勉強しなさい」と言われそうですが、男子校の寮生活から解放され、まわりには女の子があふれている環境に放り込まれれば、コンドームぐらい買いますよね。でも、その先にセックスがあるという前提は持ちませんでした。ここが現代の男の子と異なります。

こんなふうにセックスに興味深々でも、マスターベーションだけで我慢しなくてはならない時代に思春期を経験した者と、性情報がすぐに手に入るインターネット世代、性経験が低年齢化した時代に生きる男の子では、どこが違うのでしょうか。それはズバリ、ストレスに向き合う力の強さです。

ジレンマを克服することから始めよう

性には、単純に「恥ずかしい」というストレスと、「恥ずかしいからまわりの人には簡単に聞けない」というストレスもあります。

私のもとには昔から性に関する相談がよく来ます。電話やメールは顔が見えませんから、子どもたちは相談しやすいのでしょう。そして、こんな会話が交わされます。

男子　マスターベーションをやり過ぎると頭が悪くなるって聞いたんですけど、本当ですか？

岩室　嘘ですよ。

男子　でも僕、回数を増やしたら最近どんどん成績が下っていくんです。友だちに相談したら、「お前やり過ぎだよ」、って言われました。

岩室　そうやって相談する友だちがいることはすごくいいことだけど、それも嘘だよ。マスターベーションすることは全然問題ないよ。

男子　三〇〇〇発打ち止めって聞いたんですけど。

岩室　それはパチンコの話です。

男子　背が伸びなくなるって聞いたんですけど。

岩室　君ってからかわれやすいんだね。でも、それも嘘だよ。
男子　では聞きますけど、先生は医者ですよね？
岩室　岩室紳也という医者だよ。
男子　医者になるような優秀な人もマスターベーションしたんですか？
岩室　マスターベーションは男の必須科目。私なんか中三から高三までほとんど毎日、多い日には五回くらいやったよ。
男子　そうなんですか⁉　じゃ、聞きますけど、先生の身長は？
岩室　一六四センチ。
男子　やっぱり低いじゃないですか！
岩室　でもね、私のマスターベーション仲間の一人は一九〇センチくらいあるよ。
男子　えっ！　仲間って何ですか？
岩室　中学の途中から学校の寮の四人部屋にいたんだ。みんなでやれば怖くない！
男子　じゃ、今日から毎日やりたいんですけど、いいですか？
岩室　いいよ。

このように思春期の男の子たちは、「性欲に翻弄《ほんろう》される自分」と「これではいけないと思っている自分」というジレンマに陥ります。その間を揺さぶってくれる素晴らしいストレスが「性」なのです。ここから逃げると、セルフコントロールができない人や我慢のできない人に育ちます。だからこそ、大いに悩み、そのジレンマを克服してください。

欲望が犯罪になる時

男なら、誰でも性犯罪事件の加害者になる素質を持っています。まず、そのことを知っておいてください。

今では死語ですが、かつては「オナペット」という言葉がありました。オナニー（マスターベーション）をする際に、性的興奮を高めるために特定の対象（人）の写真を使ったり、その人とのセックスの場面を空想したりしたものです。それが実在する芸能人だったり、時には近親者であったりします。最近は、「オカズ」と言って、アダルトビデオなどを使っている若者が増えています。しかし、空想やアダルトビデオと同じ行為を、了解を得ていない相手にすると、それは犯罪になります。

でも、当たり前のことですが、多くの男の子たちは空想を現実化したり、痴漢やレイプといった事件は起こしません。ではなぜ、人は犯罪的な行為を行わないのでしょうか。それは、自分自身の経歴に汚点がつき、社会的制裁を受けることが意識化できているからです。これらの欲望を抑える力は、自分の社会的地位を守りたいという思いや、他者から教えられた経験にあります。

もちろん、兄妹や親子間での近親相姦《きんしんそうかん》もご法度です。数字としては表に出ることはありませんが、近年、近親相姦は確実に増えているというのが関係者の実感です。表面化しない背景には、第三者に相談すること自体が大変難しいことがあります。当然ながら介入も容易ではなく、克服も困難になります。近親者の子どもには遺伝的な障害が出やすいのはわかっていますし、そもそもあってはならないということを、昔はいろんな人が繰り返し忠告してくれました。しかし今は、大人たちから学ぶ機会が激減していますし、教科書にも書かれていません。これを予防するには、社会全体で、近親相姦はあってはならないことだという認識を、深められるような環境整備をしていくしかありません。

性犯罪も身近な問題で、実際に私の周囲にも「あの人が」とみんながびっくりするような人が痴漢や覗《のぞ》き見で社会的制裁を受けています。私が今、そのような事件を起こさずにこの本を書いていられるのは、彼らの失敗に学ばせてもらっているからです。

大人の場合、性犯罪の多くは、飲酒が原因の一つになっています。では、お酒の何がいけないのでしょうか。じつは、お酒には人の理性を鈍らせる作用があり、理性で抑え込んでいた欲望を解放してしまいます。しかし、私たち人間には絶対に解放してはいけない欲望があります。お酒を飲むなら、つねにそのことを自覚する必要があります。

万が一、犯罪を犯してしまったら潔《いさぎよ》く罪を認め、罰を受けるしかありません。もっとも、被害者の方には永遠に消えない傷を負わせてしまったことになりますから、罪という重たい十字架を一生背負い続けなければなりません。

だからこそ、理性や欲望をまだコントロールできない未成年者には、法律で飲酒を禁止しています。もちろん、体の成長を考慮しての判断でもあります。もっとも、国会で一八歳になったら飲酒をしていいということを議論しているとのこと。開いた口が塞《ふさ》がらない、呆《あき》れて言葉を失ったのは私だけでしょうか。

仲間から性を学べない時代

会話が成り立たない子どもたち

人間は隠されると知りたくなるという性《さが》があります。これは文字通り、性でもあります。知りたいとなれば、それを教えてくれる仲間の存在が不可欠になります。

私が大学生になってから一番見たかったものは、ポルノ映画でした。当時は一人で見られるアダルトビデオもインターネットもありませんでした。だから、見たければ映画館に行くしかありません。しかし、一人で行く勇気もありません。それこそ一人で行って、そこに知り合いがいて、「何しに来たんだ」とからかわれたらどうしよう。こんなふうにいつもジレンマを抱えて生きていました。そんなお互いの思いが一致した医学部の仲間何人かと連れ立って、夜遅くから明け方まで上映するオールナイト営業の映画館に、よく足を運んだものです。早朝、映画館を出ると、「疲れたぁー」と大きな伸びをして、「あんなのあり得ないよな」と、みんなで言い合いながら帰りました。

このように、かつての男たちは性欲に導かれて、気がつけば仲間ができ、その仲間たちからいろいろなことを学んでいました。実際に私自身、学校で性教育を受けた覚えがありません。当時は取り立てて性教育を行う必要がなかったのでしょう。まわりの仲間を通じてそれなりの情報が入ったので、おのずと知識が膨らんでいきました。

その一方で、多くの大人たちが、中高校生がセックスをするなんてとんでもないことだという社会規範を、繰り返し助言、というか、押しつけてくれました。

しかし、人と人との関係性が希薄になった現代社会では、これが難しくなっています。仲間との会話は一番苦労を伴うコミュニケーションですが、成立しない人が増えていま す。「いやいや、ちゃんとメールで連絡を取り合っている」と言う人もいるでしょうが、メールやチャットでは相手の表情がまったく見えないので、心を開いたコミュニケーションは成立していません。しかも、そういう若者たちが一緒に遊ぶのは、会話のいらないゲームやカラオケです。

学校で性教育が必要な理由

何でも話せる仲間がいなければ、性に関する正しい知識を得る手段や学べる場も生まれませんから、悩んだ時に相談できる相手もいません。

だからこそ、家庭での性教育も大事ですが、私は学校で、それも集団で性教育をすることがすごく大事だと思っています。ですから、学校講演でいろんな事例を紹介しながら、男の子にとっても女の子にとっても、自分の性や相手の性と向き合うことの難しさを伝えています。

じつは、中学校の教科書にも「コンドームは性感染症の予防に有効です」と書かれています。でも、そのような知識を伝えるだけでは性感染症を身近に感じることはできません。だから、セックスの際にも、性感染症を心配してコンドームを使う人は増えないのです。

子どもたちは性について、仲間がどのような情報を持ち、どのように考えているかわからないと不安です。不安だと話題にすることなんてできませんよね。

しかし、集団で私の話を聞くと、少なくとも聞いた仲間全員に、同じ情報が伝わっているという安心感が生まれます。気がつけば、自分が性について気になっていることを話題にしたり、お互いに相談し合える環境をつくれるようになります。

本来であれば、性教育は学校現場で行うものでしょうが、学校はさまざまな課題を抱え、あれもやらなければ、これもやらなければならないという追いつめられた状況になっています。さらに、モンスターペアレントと呼ばれるような理不尽な保護者からの要求が後を絶たず、やりたいことさえできない状況です。

じつは、子ども思いの親はモンスターペアレントになりやすいことをご存知ですか。

自分の子どもを守りたいという一心なのでしょうが、子どもが抱えた問題や困難の原因は、一つだけと思い込みがちです。そして、その原因を取り除くことで問題を解決しようとします。しかし、親が学校に乗り込んで、教師に注文をつけるだけで解決できる問題はそれほど多くありません。

大事なのは、子ども自身が、自分の力だけではなく、いろんな人の知恵を借りて困難を乗り越えていく環境をつくることです。そして、そういう力を身につけることです。

そこで、この場を借りて私からの提案です。保護者がいろいろなアンテナを通して、教師の代わりに子どもたちにメッセージを送るようなシステムをつくればいいと思うのです。その際に、外部の人の力を借りることも大事です。

じつは、私が年間一〇〇回以上も子どもたちに向けて話しているのは、先生たちの負担を少しでも減らすことができたらという思いからです。同時に、子どもたちの心に響く事例は当事者かプロにしか語れないと思っているのも事実です。「餅《もち》は餅屋」と言いますよね。子どもたちが健やかに育つことをみんなで支え、できる人ができることをやり続ければいいのです。そう考えて、大事なライフワークの一つとして取り組んでいます。

セックスのハードルが低くなっている

私は、「若いから」と言って、頭からセックスすることを否定するつもりはありません。でも、男の子も女の子も、本当に相手の気持ちをわかってセックスしているのでしょうか。そこが問題だと思っています。

高校生の男子に「彼女ができた時にしたいこと」を書いてもらうと、ほとんどの子がセックスをあげます。彼女ともっと親密な関係になりたいからセックスをする、というのではなく、ただ射精欲を満たすために行うわけです。

一方の女性は、性欲を満たすために、必ずしもセックスが必要ではありません。ですから、同じように高校生の女子に「彼氏ができたらしたいこと」を書いてもらうと、セックスと書く子は、まずいません。既婚者の女性でも三分の一の人は、「主人は大好きだけど、セックスはあってもなくてもいい」と答えますし、「ないほうがいい」と言う人も三分の一で、「あったほうがいい」と答える人は三分の一ほどです。女性は一人ひとり違うのです。

セックス一つとってもこんなに考えの違う男と女が、なぜ惹《ひ》かれ合うのか、不思議と言えば不思議ですね。

前に「挨拶《あいさつ》できない男はモテない」という話をしましたが、しゃべれない男はモテないはずなのに、なぜか性体験はどんどん早まっています。今は高校を卒業するまでに三割が性体験を持っています。これは、セックスが相手とのつながりを確認する、安易なコミュニケーションの手段になったからでしょう。

昔だったら、男は好きな女の子ができたら、その子を口説《くど》き、とにかくがんばってセックスという関係性に持っていくしかありませんでした。そもそもセックス自体のハードルが高いし、その前におしゃべりで女の子に気に入ってもらうしかなかったのです。そのために、昔の男たちはデート用に車を調達したりしました。お父さん世代や少し上の世代に車好きが多いのは、この名残《なご》りなのでしょう。しかし今、こんな話は若者たちの間で聞いたことがありません。

しかも、最近は男女ともに会話が苦手な人が増えています。だから、お互いに口説くといった面倒なプロセスは省略します。二人がつながり、お互いを感じ合いたいと思ったら、その手段としてセックスを選ぶのです。こうして、セックスのハードルが低くなってしまったのでしょう。

この場合、セックス以外でも強いつながりがあればいいのですが、セックスでしかつながっていないと問題です。なぜなら、男の子が浮気をしてセックスできる相手を見つけたら、もう二人の関係性に興味を示さなくなるからです。いい関係性を保ち続けるには、いろいろな柵《しがらみ》が必要なのです。

他人の失敗に学ぼう

私が医者になってよかったと思うことの一つは、患者さんはもちろんのこと、かかわった人たちの経験に学べることです。病気が治らない多くの患者さんたちとかかわらせていただいた経験を通して、生きていることの瞬間を大事にすることの意味を繰り返し教えられました。懸命に生きている人たちの生きざまとも呼べるものから学ぶことを、今は多くの人が忘れていませんか。

他人の経験に学ぶといっても、ただ、他の人が経験するのを見ているだけだったり、人から教えてもらうだけでは、本当の学びになりません。たとえば、次のようなケースに遭遇した時、あなたはこの人から何を学びますか。

「結婚して一年。待望の妊娠時の検査でＨＩＶ（エイズウイルス）に感染していることが判明。その人はご主人からの感染で、ご主人は元カノから感染した」

この話を大人が聞くと、「結婚前に遊ぶんだったらコンドームをつけないとね」と他人事になる人が多いのですが、これでは他人の経験に学べません。すでに上から目線になっています。大人は物事を柔軟に対処することができなくなっていますから、上から目線の人が少なくありません。

一方で、子どもたちだったら自分に重ね合わせて考えることができます。だから、「結婚して赤ちゃんがほしかったらコンドームなしでセックスをするし、気づかないうちに日那さんが元カノから感染していたというのは、私でもありだよね」となります。

多くの大人が他人の経験に学ぶことができないのは、経験談、感動体験、失敗談であっても、ある意味自分への防衛本能とダブるからです。「私はそんなばかじゃありません」という思いが先に立ち、他人事意識が先行するため、「自分にはあり得ないこと」として切り捨てが起こります。その人より上に立つことで、自分の立場を守ろうとするのです。

一方の子どもたちはごくごく素直に、あり得ることとして受け止められます。つまり、他人の経験に学ぶことができるのです。

このように、私は子どもたちにＨＩＶに感染している人の話をしますが、その際、気をつけていることがあります。ＨＩＶはゲイ（男性の同性愛者）の感染が多いのですが、いきなり「僕のゲイの患者さんが」と言うと、子どもたちの中には「他人事意識」が前面に出てしまう危険性があります。そのため、感染した人の事例として最初に異性間、それも妊娠時のエイズ検査で感染がわかった人の話にします。先ほどの例がその一つです。

インターネットの罠《わな》を乗り越えよう

人とつながりたいけど、生身は怖い

大人は世代が変わるごとに「イマドキの若者は」と言ってきました。裏を返せば、人は自分たちの経験に照らし合わせてしか判断できない、ということです。

もともと男の子には群れない習性があることは前に述べましたが、最近はさらにそんな男の子たちが増えています。これは、仲間から受けるプレッシャーやストレスを避けるためです。その結果、仲間たちから大事なことを学ぶ機会を放棄してしまいました。

自分のテレビがあって自由に見られるという環境に加えて、インターネットも自由につながるパソコン、スマホやゲーム機の普及で、仲間からの情報に頼る必要がなくなりました。もちろんエッチな情報も、仲間よりもインターネットのほうがはるかに多くを与えてくれます。掲示板に至っては、何かを書き込むと即座に反応してくれる人たちがいます。

実際に、ネットの利点に着目する人も多く、さまざまな情報を得られたり、たくさんの人とつながれる手段であることも事実です。ただ、その手段をどう使うか、使いこなすかで結果が大きく変わります。少なくとも今の時点では、私はそう考えています。

ミクシィ (Mixi)、ツイッター (Twitter)、フェイスブック (Facebook)、ライン

（Line）と次から次へとソーシャル・ネットワーキング・サービス（ＳＮＳ）と呼ばれるものが生まれています。ＳＮＳは多くの人に利用されていますが、その理由は、これまでつながれなかったり、つながりにくかった人たちと簡単につながれることにあります。それもタイムラグなく、瞬時につながっていることを実感できます。

たとえば、ツイッターで書き込みをすると、その書き込みを面白いと思った人がリツイートと言ってフォローしている人たち全員に送信してくれます。だから、「書き込みが認められた感」が得られます。実名で承認し合うフェイスブックは、自分の書き込みに対して「いいね！」を押してくれた人やその数もわかります。ネットの向こうにいるその人が、自分のことを注目してくれていたとわかり、うれしくなります。

こうしてみると、テレビやインターネットも、結果としては人とのつながりを求めている証《あかし》とも言えます。人とつながりたいけど、生身の人とつながるのが怖いという、一見矛盾した悩みを抱えているのが現代を生きる男子たちです。この子どもたちや若者たちがハマるのが二次元の世界で、今急増しています。

二次元やゲームは危険な世界

漫画やアニメのキャラクターのように、平面（二次元空間）で描写されているものを

「二次元」と呼びますが、少し前には「萌え〜」という言葉が流行《はや》りましたね。

私は、二次元は素晴らしい文化だと思っていますし、面白いゲームがたくさんあることも知っています。でも、子どもたちにとって、二次元やゲームはとても危険な世界だとも考えています。

だから、私の講演会では「二次元にハマるなよ」というメッセージは不可欠で、子どもたちにはいつも伝えています。ぜひ、インターネットで「二次元　エロ」を検索してみてください。漫画やアニメという架空の世界、バーチャルリアリティーの中で提供されている情報の多さと異常さに驚くはずです。

なぜ、若者たちが二次元やゲームの世界にハマるのかと言えば、それは絶対に失敗しないからでしょう。バーチャルの世界では失恋したり失敗したとしても、クリック一つでリセットしてしまえば、なかったことにできます。もちろん何度も何度もチャレンジするのでしょうが、結果として、自分の思い通りにできてしまいます。失敗で終わらない世界は、ストレスのない世界です。

しかし、生身の人間が相手になる三次元の、リアルの世界では、まわりの人と些《さ》細《さい》なことで喧嘩《けんか》をしたり、恋愛してもふられることはよくあります。決して自分の思い通りばかりにはいかない。しかも、自分をふった相手も同じ世界に存在し続けますから、それがさらにストレスになります。

人間は、失敗によってしか学べないことがあります。失敗経験が人間として生きる力を高めます。だから、講演では「ふられた回数で人間の価値は決まります。私なんか両手両足の指で数えきれないくらいふられています。どうしても漫画やアニメのキャラクター、ゲームに入れ込んでしまうというのなら、意識してもっと、生身の人間である仲間との関係を大事にしてください」と伝えています。

三次元の世界で生きてこそ、子どもたちは強くなれるのです。

ネットの嘘を見破る環境整備を

インターネットに依存する若者たちを見て、大人たちからはインターネットの功罪が論議されています。ネットの向こうにはとんでもない情報が氾濫している、それが一番の問題だと言われています。

でも、インターネットの功罪を論じている大人たちのほとんどは、じつはネットにハマったことがない、ネット中毒になったことがない、ネットのアダルトサイトに足を踏み入れたことがない人たちです。これでは説得力に欠けます。そういう大人たちには、一度インターネットのアダルトサイトを覗いてみることをおすすめします。

インターネットの過激な性情報の一番深刻な問題は、ほとんどの子どもたちが一人でその情報を見ていることです。予備知識のない子どもたちは、どうしたって自分勝手に解釈してしまいます。その結果、誤解したまま大人になってしまう人もいます。

実際に、十数年前に私の外来を訪れた男性患者さんは、アダルトビデオで繰り広げられる激しいセックスを見て、誰もがあのようなセックスをすると思い込んでしまいました。自信を喪失し、心因性インポテンツ（精神的なストレスで起こる勃起障害）になっていたのです。私が「映像のような激しいセックスをする人はいません」といくら説明しても、なかなか納得してもらえませんでした。

このように、インターネットのサイトやアダルトビデオで描かれている過激な描写や誇張した描写は問題です。なかでもひどいのはレイプものです。映像では、レイプされた女性が最後は、その相手とのセックスを楽しんでいるように描かれています。これを見た男の子たちは、女性はどのような状況でもセックスを楽しむものだと勘違いしてしまいます。絶対にあり得ないことなのに。そして、好きな女の子を同じように扱おうとします。

私は、インターネットは人と人との関係性を弱めていると思っています。子どもたちには、インターネットのサイトやアダルトビデオに惑わされないよう、インターネットの嘘を見破る力を身につけさせてください。

そこで私は、子どもたちに「どうしてもアダルトビデオを見たい時は絶対一人で見るな、五人以上で見なさい」と警告しています。五人で見ていたら、「こんなこと、あり得ない」「でたらめだよ」と感想を言い合えるからです。また、アダルトサイトを見ている人は「必ず五人以上にそのサイトのアドレスを転送しなさい」とも伝えています。そして、転送された人は「こんなの、あり得ない」と感想を返すようにお願いしています。

そもそも五人で見ることや五人に転送することは、子どもたちにとって高いハードルですから、歯止めになります。それと同時に、仲間意識が強固になると思っています。

情報から隔離し過ぎてもいけない

今や、携帯やスマートホンは電話やメールだけでなく、インターネット検索、ミュージックプレイヤー、ゲーム、カメラ、辞書、電卓、GPS（地球上の現在位置を測定するシステム）といった機能が盛り込まれたツールとして活用されています。しかし、本当に使いこなしている人は一パーセントもいないでしょう。

その携帯やスマホを買い与えているのは大人たちなのに、子どもたちの性のトラブルが話題になると、すぐに「携帯（スマホ）が悪い」と言います。

一方で、インターネット上に氾濫するとんでもない情報から、息子を守ってあげたいと考え、家のパソコンやスマホはフィルタリングをしっかりし、携帯電話も持たせないという親もいます。

でも、あれもダメこれもダメといって、情報から隔離してしまうことは非常に問題です。なぜなら、性に関する情報の共有ができないため、性的な話をする友だちがいなくなります。悲しいかな、このように友だちから隔離してしまうと、性欲さえも育たない、育てられない男の子になってしまう可能性が大きいのです。

問題なのは、これらのサイトに一人でアクセスすることです。この本の中で繰り返し述べたように、大勢でアクセスすれば、見ている人の中には内容に疑問を感じる人が必ずいるはずですから、「これってヤバいんじゃない」という声があがります。このように誰かに学ぶことができれば危険を回避できます。

さらに怖いのが、メールにすぐに返信しないと友情が壊れるという人間関係です。これは家庭だけでなく、学校を含めた社会全体でのルールづくりが必要です。

そこで、ルールを決めましょう。

・インターネットを使っていい時間を決める（最大で一日一時間）。
・友人には、家のルールですぐに返事ができないこともあるのを知らせる。

・困った時に相談するところを決めておく（保護者、インターネット博物館など）。
・インターネットのことを話せる友だちを五人以上つくる。

インターネットはしょせん手段です。調べ物をしたり、情報発信をしたり、人とつながったりするには大変便利な道具です。しかし、さまざまなＳＮＳでトラブルが起こっているように、トラブルになったら、すぐに誰かに伝え、助けを借りて解決の道筋を探し出すことを習慣化させましょう。

人はいろんな刺激を与えられた結果として、成長していく存在です。逆に刺激を与えられないと成長できません。共通の話題を通して悩みを解決したり、心の安定をはかることでいい男が育つのです。

携帯やスマホの積極的な活用法

ある出来事から私は、メールは気づきを与えるための手段にもなることを知りました。

援助交際をしていた一人の女子高校生と、メールを通じて半年以上かかわり続けました。その結果何が起こったかというと、この子の成績がどの科目も四〇点台だったのが九〇点台にアップしたのです。メールだけで成績がアップするなんて、不思議に思う人もいるでしょう。でも、事実です。

彼女からのどのような相談に対しても、私がいつも意識して投げかけていたのは、自分で考えてもらうための言葉です。たとえば、「どうして援助交際をするの？」「どうしてそう思うの？」「そもそも、仕事って何？」という問いかけをしました。最初彼女は、「わからない」「教えて」という姿勢でしたが、答を与えない私とのやりとりの中で、自分で考えるようになりました。そして、こちらに質問をぶつけるまでに成長してくれたのです。

出会い系サイトで起こるトラブルの入り口として、メールの問題を議論することも大事ですが、意思の疎通をはかったり、気づきを促《うなが》す手段として使えることも忘れてほしくありません。

実際に、インターネットは問題だらけなのかという疑問も生まれます。確かにサイトの中には、集団自殺のサイトや強盗仲間を募《つの》る闇の求職サイトなど、集団犯罪の呼びかけなどいかがわしいものもあります。このような罠に引き込まれてしまう人もいますが、実際にはそうならない人が大半です。

携帯やスマホを使うことで遭遇するであろう課題に対して、どう対処すればいいか。大人のほうが子どもたちの手本となるような使い方を考え、子どもたちとともに、使いこなせなければいけない時代です。

本当の健康を生きる

ヘルスプロモーションは居場所づくり

親のみなさんからはよく、「子どもが健康に育ってくれればいい」という言葉を聞きます。では、本来の「健康」とは、どんな状態のことを言うのでしょうか。

そこで、少し難しいかもしれませんが、私の大事な仕事の一つである健康づくりの話をしましょう。

私には病院で患者さんを診察する以外に、ヘルスプロモーション推進センター（オフィスいわむろ）の代表としての仕事があります。ヘルスプロモーションとは、一九八六年にカナダのオタワで開催されたＷＨＯ（世界保健機関）の国際会議で発表された、新たな公衆衛生戦略を言います。高校の保健体育の教科書にも紹介されていますので、ぜひ読んでみてください。

オタワ憲章では「ヘルスプロモーションとは、人々が自らの健康をコントロールし、改善できるようにするプロセスである」と定義し、健康を生きることの目的ではなく、生活していくうえでの資源と位置づけています。ちょっと難しい言葉ですが、私なりの解釈をすると、「ヘルスプロモーションとは一人ひとりの居場所づくり」です。それも単に居心地がいいという意味での居場所ではありません。そこにいればいろんな人とかかわり続けられて、その中で、一人ひとりが自然な形で育つことができる場のことを言います。

私のセンターではヘルスプロモーションをどのように推進していけばいいかを公衆衛生の現場にいる人たちと一緒に考え続け、自治体の健康づくり計画の作成や評価、活動実践のための検討などもお手伝いしています。実際に、私は東日本大震災の被災地の岩手県陸前高田市や宮城県女川町で、ヘルスプロモーションを推進するという立場から、アドバイザーとして保健医療福祉面からの復興のお手伝いをしています。さらに、専門職や住民への研修や講演なども行っていて、本書を執筆する動機ともなった中高生への性教育の学校講演も、この仕事の一環です。

心に響くことが、本当の「健康」をつくる

WHOは、一九四六年にニューヨークで行われた国際保健会議で採択されたWHO憲章に基づいて、一九四八年に国際連合の専門機関としてジュネーブに設立されました。WHOは「健康とは、身体的、精神的ならびに社会的に完全に良好な状態であり、単に疾病《しっぺい》がないとか虚弱ではないということではない」と定義しています。

しかし、世界中の人々の生活状況が多様化したため、この定義では不十分だと言う声が

あがり、一九九九年にダイナミックとスピリチュアルという二つの言葉を追加し「健康とは、身体的、精神的、スピリチュアル、ならびに社会的により良い、調和のとれた状態であり続けることであり、単に疾病がないとか虚弱ではないということではない」とする提案がなされました。ダイナミックとは、トピックス的に時々健康的なことをするのではなく、毎日の生活が大事だということ。また、スピリチュアルとは、たとえば元気、夢、感動や自己肯定感など心に響くさまざまなことがあって初めて人は健康になれるということ。つまり、私たち人間は、大人でも子どもでも、心に響くことがあって、初めて健康になれるということです。

わが子や自分の「健康」を考えた時に、それは日々の生活の中でつくられ、元気や夢も健康の大事な要素であることを忘れないでください。

過去を認め、未来を生きる

私は厚木市立病院で、ＨＩＶに感染している人の診療もしています。以前は、私もＨＩＶに感染している人に対して、「どうしてコンドームをつけなかったの」「どうして検査を受けなかったの」という思いがありました。そのような偏見や差別観を払拭してくれた私の経験を紹介します。

現在、ＨＩＶに感染する原因は、医療機関内での針刺し事故を除けば限られています。それはセックス、刺青《いれずみ》（タトゥー）、薬物の廻し打ち、輸血です。ＨＩＶに感染しないためには、これらの行為をしないか、コンドームを使ったセックスをするか、二人が事前にエイズ検査を受けるか、刺青の際の針と墨を個人専用にするしかありません（検査を受けても正確な結果が出ないウィンドーピリオッドもあります）。しかも、母子感染は事前に検査をすればほとんどが防げます。

反対に言えば、今、ＨＩＶに感染している人たちは感染を回避できたにもかかわらず、検査を受けずコンドームも使わずにセックスをしたなど、回避する手段を怠った人たちです。その人たちを「まったくどうしようもない人たち」と思って診察していたら、医者と患者の関係は成立しません。治療をする側の医者がそのような思いで患者さんを診ていると、その空気は患者さんに伝わります。

そのことを私に教えてくれたのは、夜回り先生こと水谷修さんでした。彼が定時制高校の教員だった時に、彼の高校で講演を頼まれました。その時にこんな会話をしました。

水谷さん　この子たちは性に関してはいろんなトラブルを経験してきているけれど、何より子どもたちを認めてあげてほしい。

岩室　何を認めるのですか？

水谷さん　この子たちの過去です。性感染症にかかったり、望まない妊娠をして人工中絶など悲しい経験をしている子もいます。

でも、大事なのはこれまでどう生きてきたかではない。これからどう生きるかなのです。だから、過去は認めてやってください。たとえどのような生き方をしてきたとしても、それはその子が生きてきた証そのものです。

その子の「過去を認めること」は、大きく言うとその子の生き方も含めてすべてを認めることにつながり、自己肯定感は高まりますから。

確かに医師の仕事はその人の過去を責めることではなく、これからどう生きるかを、どうサポートするかです。このことを水谷さんに気づかせてもらって以来、心から患者さんの過去を認め、これからの人生を一歩ずつ歩んで行けるよう一緒に治療しましょう、という気持ちで診療させていただいています。

もちろん、そのような支援は医師だけでできるはずはなく、看護師、薬剤師、カウンセラーを含めたチームでの診療体制を構築しています。

このような姿勢が影響してか、診察室では何人もの患者さんが、薬物乱用や売春といった過去の経験を打ち明けてくれるようになりました。その患者さんたち一人ひとりは、究極の自己肯定感である「自分は生きていていいんだ」ということを、一緒に確認できる人を探していたのだろうと思います。その一助ができていることを張り合いに、性のトラブルの予防に、ヘルスプロモーションの推進に、全国を飛び回る毎日です。

心の病で精神科やカウンセラーに頼る前に

明日はわが身、心の病

私のホームページには、日本中の子どもたちや若者からたくさんのメール相談が届きます。もちろん性の相談が多いのですが、心を病んだ若者からの相談もあります。

思春期は、子どもから大人に変わっていく途中のとても不安定な時期です。体格の急激な変化とともに、心にも急激な変化が起こります。この時期の最大の悩みは、自分の体や心の急激な変化についていけず、自分自身の心をコントロールできないことです。自分のことや友だちのことが異常なほど気になる、親の言葉が癇《かん》に障《さわ》る。でも、友だちにこんな話をしたらおかしいと思われそうで言えないし、大人になんか絶対に知られたくない。それゆえ、イライラが募ります。そんな自分をどうしたらいいかわからず、自分で自分を持て余している状態です。

だから、思春期には心の病と呼ばれる精神疾患を発症する若者も多いのです。「自分に限って」「うちの子に限って」という考えは、持たないほうがいいでしょう。「明日はわが身」と思っておいてください。でもこれは「覚悟をしておきなさい」という意味ではなく、「できるなら予防しましょう」という意味です。

心を病むとは

心を病むとはどういうことなのかを教えてくれたのは、保健所勤務時代から講演を拝聴していた精神科医の春日武彦先生です。春日先生はこう言っています。「心を病むとは、その人の物事の優先順位が周囲の人の常識や思慮分別から大きくかけ離れてしまうこと」

私は初めてこの言葉を聞いた時、頭をガツンと殴られたような衝撃を受けました。それまでの私は、心を病んでいる人は「どこか別の世界を生きている人」だと思っていたからです。精神科疾患への私の偏見と誤解に気づかされた瞬間です。

それまで私が接してきた心の病の定義はどことなく腑《ふ》に落ちず、どちらかと言えば他人事と思わせるようなものでした。そのため私は、世の中で起こっているさまざまな問題を他人のせいにして、本質を理解しようとしていませんでした。

しかし、春日先生が考えておられる定義に出会い、心の病を他人事ではなく、自分の問題として考えられるようになったのです。しかも、それだけでなく、原因を追究して取り除くのはもちろんのこと、心の病を予防しよう、未然に防ぎたいという気持ちが強くなりました。

心の病を予防するには

日本では、若者が悲惨な事件を起こしています。少し古いところでは二〇〇八年の「秋葉原通り魔事件」で、交差点にトラックで突っ込んで七人の死者を出しました。記憶に新しいところでは二〇一〇年の夏、母親が幼いわが子二人をマンションに置き去りにしたまま遊び呆《ほう》けて餓死させた、「大阪幼児餓死事件」があります。どちらの事件も絶対に許されるものではありませんが、個人だけの問題として片づけるのではなく、心を病むという視点でとらえてみると、いろいろなことがわかります。

後日報道された記事によると、「秋葉原通り魔事件」の犯人の優先順位は、無視した者への復讐でした。本当に彼を無視した人はいたのでしょうか。犯人は犯行を決意した後、インターネットに犯行をほのめかすような書き込みをしたにもかかわらず、止めてくれるような反応がなかったため、事件を引き起こしたとのことです。インターネットは、「つながっているという錯覚」「認められているという錯覚」を与える空間に過ぎないことを、どうやったら彼は学べたのでしょうか。

「大阪幼児餓死事件」の母親は、「遊びたい」が最優先でした。子どもは二日間も放っておくと死んでしまうと考えられる人と、考えられなかったこの母親との違いは、心を病んでいないか、病んでいるのかの違いです。

これらの悲しい事件について、それを引き起こした人が抱えたストレス、という視点で考えてみてください。

春日先生は、「ストレスの原因は、人と人との関係性の中で、プライドが保てない、こだわりが解消できない、被害者意識が解消できないこと」だと言っています。

さまざまな事件の誘引となるストレスというのは、いろんな人間関係の中で、なぜか自分の行動だけが思うようにいかずプライドが保てない、自分の失敗や挫折《ざせつ》へのこだわりが解消できないという思いを募らせます。その結果、「自分ではなく相手が悪い」、最近では「社会が悪い」と言って、相手や社会に刃《やいば》を向ける。そういう人が増えているのではないでしょうか。

春日先生は、心を病んだ人も本当は目標ある生活をしたいはずだと言います。でも、挫折や失敗をした時に、彼らに足りないのは、客観性、経験、情報、志《こころざし》、余裕、想像力。これらのものを持つ余裕がないから、またストレスを溜めてしまい、そのストレスから逃れるために結果として、子どもを放置して遊んだり、キレたり、不登校になったり、引きこもったり、自殺したり、社会に刃を向けてしまいます。こうして負の連鎖が起こるのです。だからこそ、本当はこれらの事件を予防するには、ストレスと向き合う方法を広め、一人ひとりが身につけるしかないと思っています。

不登校の子を精神科任せにしてはいけない？

日本では、不登校や引きこもりの子どもたちが増え続けています。平成二六年度の文部科学省の調査でも、全国の国・公・私立の小中学校で、二五年度間は約一二万人もの不登校の子どもたちがいます。不登校の原因はさまざまですから、不登校になってしまったら、きちんと専門機関に相談しましょう。

キレたり、不登校や引きこもりにつながる原因となる「人と人との人間関係の中で、プライドが保てない、こだわりが解消できない、被害者意識が解消できない」に、どう対処し、どう予防すればいいのかを具体的に考えてみましょう。

学校という場には教師、友人などとの人間関係があります。家に帰れば学校のことで親と向き合うことが求められます。そのような状況の中で、自分の行動が思うようにいかず、児童や生徒、あるいは仲間としてのプライドが保てない。自分の失敗や挫折へのこだわりが解消できない。そして、自分ではなくて親、教師、友人などの相手が悪いという被害者意識が解消できないことは必ずあります。

誰だって失敗することも挫折することもありますが、とりあえず今、あなたはどうしてまともな状態でこの本を読めているのでしょうか。不登校にならなかった人はどうしてならなかったのでしょうか。それはつらい状況に置かれた時でも、あなたの中に客観性、経験、情報、志、余裕、想像力が育っているから、あるいは育っていたからです。つまり、自分だけではなく、他者の失敗や挫折の経験に学ぶ機会があったからこそ、ストレスと向き合い続けられる状態を保っていられたのです。

でも、失敗や挫折の経験の少ない子どもたちは、いとも簡単にストレスに押しつぶされ、気がつけば引きこもりや不登校になっています。不登校という状況になったら、本人はつらいでしょうし、親や学校の先生たちも必死になって対応しようとします。そんな時は、とにかく経験豊富な人たちに相談してみてください。

ただし、気をつけていただきたいのは、安易に精神科や心療内科を受診して、薬をもらって解決をはかろうとしないことです。そもそも不登校や引きこもりの原因は単一のものではなく、薬を服用しただけで克服できるものではありません。精神科医に丸投げするのではなく、あくまでも学校という社会に適応できるよう、まわりに蔓延するストレスと向き合い続けられるよう、いろんな人と相談しながら、自分に合った方法で一歩ずつ前に進みましょう。

病んだ心を治すには

心を病んだ人をどう治療すればいいのかは、「日本うつ病学会治療ガイドライン」に明確な、そして予防という視点でも役立つ、大変重要な指針があります。

それによると、「統合失調症、双極性障害（躁《そう》うつ病）、中等度・重症うつ病」という重症な場合は、薬物療法が必要だとしています。しかし、軽症のうつ病では薬による治療ではなく、カウンセリング、認知行動療法（励ましや褒《ほ》めること）と家族へのアプローチ、環境整備を重視しています。

現代社会で増えている不安障害、神経症、軽症うつ病、新型うつ、非定型うつ、虐待、キレる、思春期の挫折といった軽症のうつ状態では、薬による治療は第一選択になっていません。この意味を理解する必要があります。これは、精神的につらくて夜も眠れない人が少し寝られるような、あるいは、不安感がすごく強くてつらい人が不安感を少し和《やわ》らげるような、そんな薬を処方してもらうことまで無意味だといっているわけではありません。でも、「薬では心の病は治せないのですよ」と学会がはっきり言っていると考えたほうがいいでしょう。

日本人は医者と薬が大好きですから、ちょっと具合が悪くなると医者にかかり、薬が多くの病気を治してくれると信じて疑いません。さらに怖いことに、多くの人は薬を飲んでいるのに病気がよくならないと、責任を医者や薬のせいにしています。でも、そのことをきちんと医者に訴え、よりよい方法を模索することを放棄していないでしょうか。

じつは、同じように思春期の挫折を味わった人でも、キレたりうつ状態になる人がいれば、ならない人もいます。ここに着目すると、家族を含め、子どもを取り巻く環境が大きく異なることに気づきます。子どもに他の人の話を聞く耳が育っているのか。子ども自身が他者とコミュニケーションをいっぱい取れる子に育っているのか。また、子どもの話をしっかり聞いて、励ましたり、褒めたりしている親なのか。それとも、それができていない親なのか。

もちろん、家族だけや学校だけというのではなく、親戚の家、友だちの家や地域の中に居場所があることも大事です。そこで客観性、経験、情報、志、余裕、想像力を養《やしな》うことができていれば、ストレスを溜めることなく、負の連鎖から脱出できます。キレない、不登校や引きこもらない生活を送れるようになります。

心を病む前に、心を病まないタフな男に育ててあげましょう。

第五章 教えて！「男の子の性」Q＆A

この章は、男の子の性に関する問答集です。

お母さんや子どもたちから実際に多く寄せられている恥ずかしくて誰にも聞けない質問や、ぜひ知っておいてほしい事柄をピックアップしました。

性教育の第一人者として、男の先輩として、親身に回答しています。

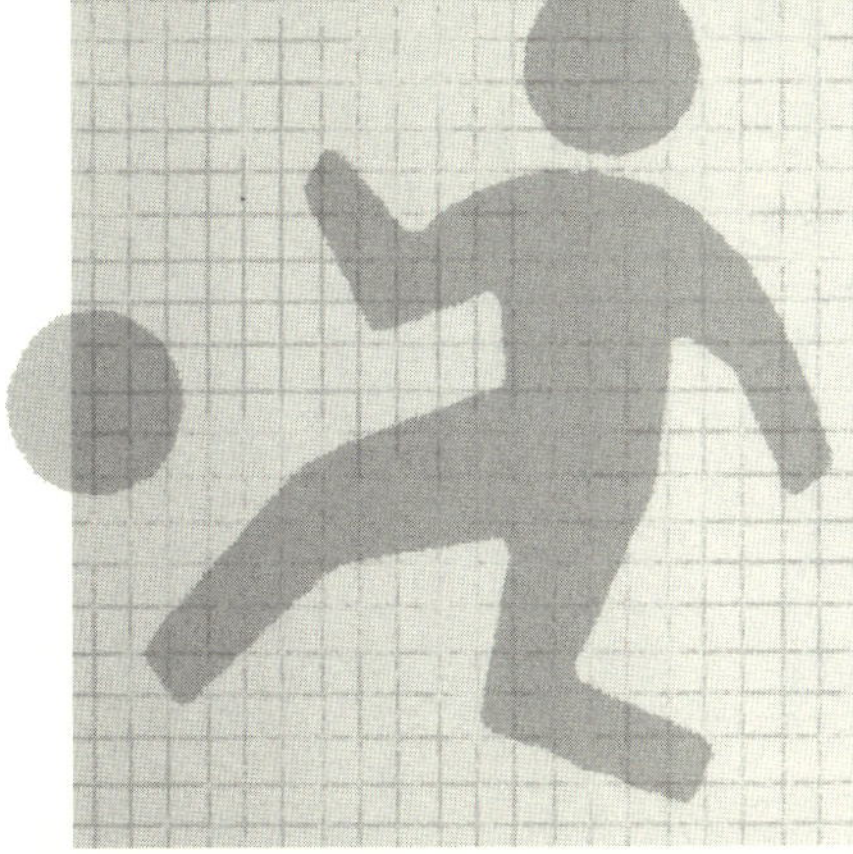

乳幼児期から

Q1

私自身は女系家族に育ったために、長男を出産してびっくりな毎日です。おむつを替える時にいつも思います。そもそもおちんちんって、どんなふうになっているのですか？

A1

初めての男の子を、どう扱っていいかわからないというのが、新米ママの正直な気持ちでしょう。そこで、おちんちんの構造と形について詳しく説明します（図1）。

おちんちんの先端を亀頭部といい、亀頭部を覆《おお》っている皮膚のことを包皮と呼びます。さらに、包皮の先を包皮口、亀頭部の根元のところにある溝を冠状溝と言います。

子どものうちは亀頭部が包皮で覆われた状態（A）になっていますが、なかには、

図1　おちんちんの構造といろいろな形

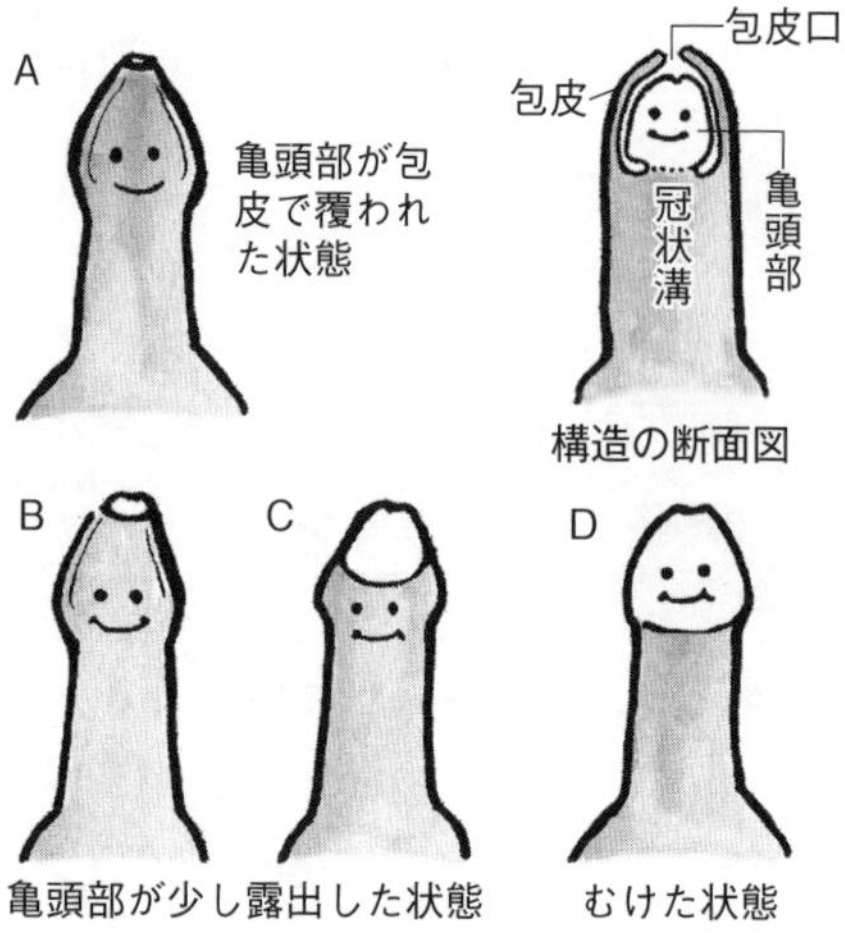

亀頭部が少し露出した状態（B、C）になっている子どももいます。さらに、稀ですが、小さい時からむけた状態（D）になっている子もいます。

Q2

息子のおちんちんにぶつぶつができています。これって、もしかして病気でしょうか？

A2

この訴えで、私の外来に駆け込む患者さんは多いのですが、ぬらしたガーゼで優しくこすってみてください。ぶつぶつが消えるなら、単なる垢《あか》です。包皮の中に垢が溜まっている子は、包皮がむけるようにしないと垢は取れません。「おちんちんは神聖なものだから触ってはダメ」と誰かに言われたりして、そう信じているお母さんがいますが、よく見てください。おちんちんの包皮は皮膚の一部ですから、洗わなければ垢が溜まりますし、何より不潔です。また、おちんちんの中に白いできものが見えることもありますが、これは恥ずかしい垢と書いて恥垢《ちこう》と言います。この場合は放置しても問題ありませんが、清潔にしないで垢を溜めていることが恥ずかしいということでしょう。清潔にするために触るのは当然のことです。

おちんちんの包皮の中に垢が溜まっただけでは問題ありませんが、包皮内に雑菌が入ったまま、この菌を取らずに不潔な状態でい続けると、亀頭包皮炎になることがあります。

亀頭包皮炎は皮膚の炎症で、発症すると亀頭部分や包皮の皮膚が赤くなったり、膿《うみ》が出たり、ただれたりして、かゆみや痛みが出ますので、病院での治療が必要になります。ふだんから清潔に保つようにケアしていれば亀頭包皮炎は予防できますので、いつも包皮をむいて、包皮内を清潔にしてあげてください。

Q3

「おちんちんは清潔にして」と言われますが、どうやって手入れをしたらいいのでしょうか。教えてください。

A3

おちんちんの正しい手入れの方法は、まずむくことです。おちんちんの包皮をむこうとすると、亀頭部がまったく見えない子から、少し見える子、ほとんど見える子までさまざまです。亀頭部が全部露出できない状態を包茎《ほうけい》と言います。露出できない理由は、包皮口が狭いか、包皮が亀頭部と癒着《ゆちゃく》しているか、あるいはその両方が考えられます。

上手にむくコツは、おちんちんを四本の指でしっかり持って、包皮をずらすようにすると、包皮口が突っ張るのがわかります。こうして包皮口を広げて、清浄綿やお尻拭《ふ》きで拭きながら少しずつ癒着をはがせばいいのです（図2）。

最初の頃は亀頭部を触るだけで痛がります。これは亀頭部がまだ敏感な状態ですから、毎日こすって清潔にしていれば刺激にも慣れてきます。そうなったら亀頭部と包皮の癒着は一週間で一ミリ程度を目安にはがしてください。この時、少し出血することもありますが、清潔にして包皮を戻しておけば出血はすぐに止まります。この手入れは、乳幼児ではおむつを替える時にしてあげましょう。包皮と亀頭部の癒着を全部はがした後も、毎日むいて清潔にしましょう。

　おちんちんを清潔にすることは、顔や体を洗うこと、歯を磨くことと同じ習慣の一つです。三、四歳になって自分で体を洗えるようになったら、おちんちんもむいて洗うことを教えましょう。それまではお父さんやお母さんが一日に一回は洗ってあげてください。むくのをやめると、また、包皮

図２　亀頭部の出し方

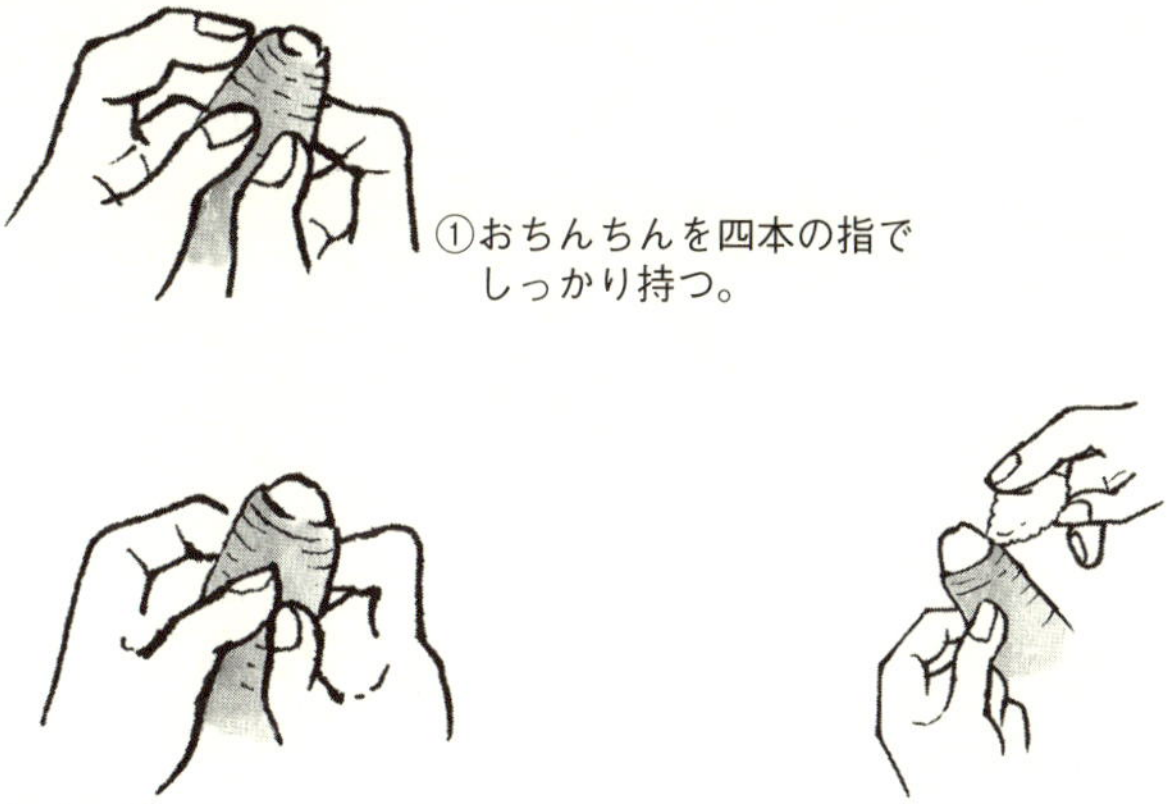

①おちんちんを四本の指でしっかり持つ。

②包皮をずらすようにして包皮口を広げる。

③清浄綿やお尻拭きで拭きながら、少しずつ癒着をはがす。

と亀頭部が癒着してむけなくなってしまいます。

なお、おちんちんがちゃんとむけるようになったら、体の他の部分と同じようにゴシゴシ洗ってください。そうすることで、包皮内や亀頭部に付着したＨＰＶ（ヒトパピローマウイルス）などの病原体を取り除くことができます。ちなみに、陰茎がんの原因の一つがＨＰＶですが、陰茎がんは亀頭部をむいて洗えない真性包茎の人がほとんどですので、ペニスを清潔に保つことは、がんの予防にもなる大事な行為です。

Q4

もしかして、うちの子は包茎でしょうか？　おちんちんは皮をかぶった状態です。包茎は手術が必要なんですよね。

A4

亀頭部が包皮に覆われた状態を包茎と言います。じつは、子どもの時はほとんどの子が包茎です。子どもにとって包茎は正常な状態であり、病気ではありませんので、心配はいりません。

専門的には、包皮をおちんちんの根元に向かってずらし、亀頭部が見える状態で０度～Ⅵ度に分類できます。息子さんの今の状態はどれですか？（図３）

さらに包茎には大きく分けて次の三つがあります。

・真性包茎　包皮をがんばってずらしても、亀頭部がまったく見えない状態。
・仮性包茎　亀頭部が包皮に覆われていても、包皮をずらすと冠状溝が見える状態。
・その他の包茎　真性でも仮性でもない包茎。

しかし、包茎は医者によって定義の仕方が異なり、医学界でも統一されていません。そもそも包茎で問題になるのは、包茎をそのままにしておくと不潔になることです。そこで私は、清潔な状態が保てるように仮性包茎の状態にしてあげることが大事だと考えています。

子どもの場合、真性包茎であってもむき続ければ仮性包茎の状態になりますから、医学的見地から、私は手術の必要はないと

図３　包茎の度合い

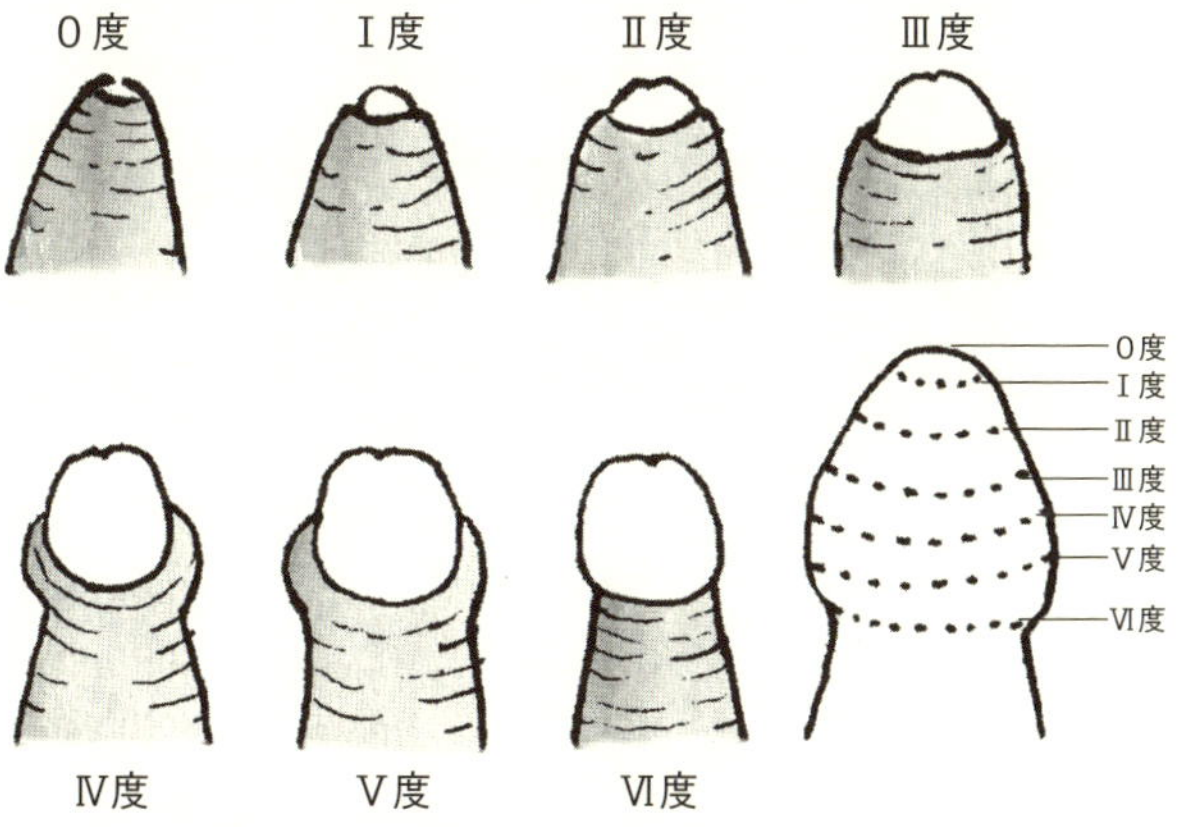

考えています。手術をしたためにおちんちんの形がみんなと変わってしまい、「みんなの前でおちんちんを出したくない」といって登園拒否になってしまった子どももいます。

小児科の先生の中には「放っておけばいい」とか、どのような対応をするかを確認しないまま近くの泌尿器科に紹介する先生がいます。私は、このような先生たちは大変無責任だと思っています。どうして「放っておいてもいいのか」や「紹介先でどのような対応をされるのか」を知ったうえで、こういう理由で「放っておきましょう」とか、「○○先生を紹介します」と言ってほしいですよね。

私は清潔にするためと、不要な手術を避けるために、むくことを推奨していますが、不潔なだけでは死なないので「放っておくならいつまでも」と言っています。でも、将来その子が、私の患者さんのように、むいたことがないまま、初めてのセックスで激痛が走ってインポテンツになったとしても責任は取れません。あしからず。

Q5

子どものおちんちんをむくと、出血したり、嵌頓《かんとん》包茎、亀頭包皮炎などの合併症が起こりやすいと聞きましたが、どう対処したらいいいですか？

A5

出血は158ページを参照してください。亀頭包皮炎はむかなくてもなりますし、むいている時に突然起こることがあります。清潔にして少しずつむくのが防ぐコツです。

　嵌頓包茎は、包皮口が狭い場合、包皮をむいたままにしておくとおちんちんの先がむくんでしまうために起こります。ですので、包皮をむいて洗った後は、必ず包皮を戻しておきましょう。

　包皮口が狭い子は「むいて戻す」をおむつを替えるたびに二〇回ほど繰り返すと、包皮口が広がります。嵌頓包茎にならないためにも、包皮口が十分広がり、簡単に戻せるようになるまでは、包皮内を清潔にすることにこだわらないでください。

　包皮をむいて戻らなくなってしまった時は、誰でも焦《あせ》りますが、ちょっとしたコツを覚えておけば（図4）、大騒ぎせずにす

図4　包皮口が狭い時の戻し方

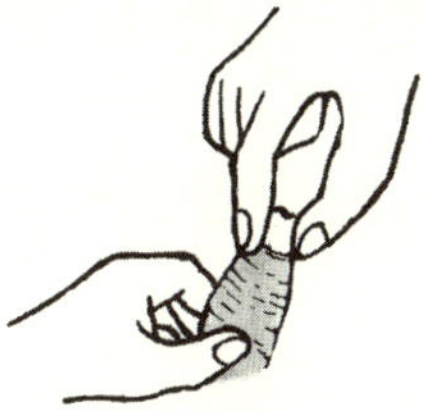

①利き手の親指と人差し指でしわを伸ばして、包皮口を確認する。

②包皮口を持って元に戻す。

③それでも戻らない時は、指で亀頭部を30秒ほどつぶしてから包皮を戻す。

みます（むき始める前にここだけは赤線を引っ張って確認しておいてください）。

1　戻らないのは包皮口が亀頭部の冠状溝に引っかかっているためですから、利き手の親指と人差し指で包皮を根元のほうに手繰り寄せ、しわを伸ばして包皮口（狭いところ）を確認します。

2　包皮口のその部分を持って、亀頭部を覆う方向に戻します。

3　それでも戻らない時は、亀頭部を三〇秒ほどつぶすようにします（亀頭部には骨はなく、血液しか入っていないので思いっきりつぶしても大丈夫）。亀頭部がしわくちゃになったら、根元を持って包皮をきゅっと引っ張ります。

これで、ほとんどが元に戻ります。

Q6

息子にトイレでのおしっこの仕方をどうやって教えていいのか悩んでいます。主人は「自然に覚えるものだ」といって協力してくれません。トイレを汚されて困っています。

A6

そもそもトイレを汚している息子さんの気持ちにもなってください。嫌な、悔しい思いをしているはずです。中にはパンツを全部脱いで便座に座って排尿している子もいます。これだと、遠足とかで出かけた時に、友だちと立ちションができません。

三～四歳ぐらいで手先を自由に動かせるようになったら、「包皮をむいて、外尿道口を出しておしっこしなさい」と教えましょう。そうすれば外尿道口から飛び出した尿線が包皮にぶつかって飛び散ることもなくなり、トイレ掃除も不要になります。

Q7

四歳の息子がいつもおちんちんをいじっています。保育園でもそのようです。マスターベーションをしているのでしょうか？　やめさせる方法があったら教えてください。

A7

小さい子がおちんちんをいじるのは性的な快感ではなく、ほとんどの場合はおちんちんがかゆいからです。ちゃんとむいて洗って清潔にしていれば、そのような行為も予防できます。何より清潔にしてあげましょう。ただ、石鹸《せっけん》などをつけて洗った時に十分洗い流さないとかぶれを起こすことがあります。さらに、仮性包茎の場合は包皮内が湿りけでただれてしまうことがあります。石鹸分をきれいに洗い流した後、しばらく包皮を翻転《ほんてん》して亀頭部を全部露出した状態で、天日干しにして乾かすといいでしょう。

それでもどうしてもいじるようでしたら、それは社会のルールとして、「人前でおちんちんをいじるんじゃありません」と教えてください。

小学生になったら

Q8

四年生の息子がいます。そろそろ夢精のことが気になりますが、どう教えたらいいでしょうか。

A8

お子さんが小学生になったら、お子さんより先に、親がお子さんの保健の教科書を読みましょう。夢精や月経などについて大変詳しく書かれています。そして、その教科書に書かれていることをそのまま教えればいいのです。

「保健の教科書に書いてあるように、男の子は成長とともに、寝ている時にパンツに精液というものが出てしまう夢精が起こるの。でも、心配しないでね。そのパンツはちゃんと水で洗ってから洗濯機に入れておいてね。初めての射精を精通といって、女の子の初めての生理、月経の初潮と同じくおめでたいことなので、必ず教えてね。お祝いをしてあげるから」と伝えましょう。

うまく教えられない時は、「学校の先生に聞いてきてね」などと、上手に学校の先生を活用しましょう。

Q9

学校の授業では性教育がありません。女の子だけには「生理の話」の授業があるそうですが、息子にも教えてあげたいと思います。

A9

自分の経験からそう勘違いしている保護者も少なくないのですが、ちゃんと保健の授業の中で扱うようになっています。ぜひ、子どもにどのような勉強をしたのか確認してみてください。

Q10

先日、息子に「赤ちゃんはどこから生まれてくるの？」と聞かれました。小学一年生の子どもに、どう説明したらいいのでしょうか？

A10

「赤ちゃんはお母さんの足と足の間から生まれてくるのよ」とさりげなく教えます。さらに詳しく教えられる人は、いろんな教材を使ってみるのもいいでしょう。

「いつもは小さい穴があるんだけど、赤ちゃんが出てくる時だけ、その穴が大きくなるんだよ」とつけ加えるお母さんもいます。もちろん、「学校の先生に聞いてごらん」でもいいです。

性教育に関して「絶対にこれがいい」ということはありません。ただし、お子さんにちゃんと向き合うことだけは忘れないでください。ちなみに前者の答の後に、「ねえ、どこから生まれてくるか見せて」と言われたら、「見せるところじゃないから、みんなパンツやスカート、ズボンをはいているでしょ」と上手に切り返しましょう。

Q11

小学一年の息子が友だちから「ちんちんが小さい」と言われたそうです。確かに、生まれた時も他の赤ちゃんに比べて「小さいかな?」と思いました。将来、機能的に問題はありませんか?

A11

勃起した時に五センチあれば、性生活にも支障はありません。背が高い子、低い子。太った子、やせた子。おちんちんが大きい子、小さい子。どれも個性です。持ち物より持ち主が大事ですよ。

そもそも、そんなことを言い合える友だちがいることを誇りに思ってください。

Q 12

小学二年の長男は、六年生の姉の前でパンツを下ろしておちんちんを見せます。お姉ちゃんは「キャー」と言って逃げるので、からかうのが楽しいようです。夫はそんなことをしたことがないと言いますが、放っておいても大丈夫でしょうか？

A 12

お姉ちゃんが嫌と表現していることに、いずれ彼は学ぶでしょう。

ここに、さらに兄弟がいれば、もっといろんな勉強になります。親戚や友だちと旅行をすると、息子さんの貴重な経験が増えることでしょう。

Q 13

小学六年の息子の机の中に、エッチなマンガ本が隠してありました。女の子の胸やパンチラが書かれている程度ですが、自分で買ったのか友だちから借りたのかわかりません。息子にどう対処したらいいでしょうか？

A 13

どこで手に入れたか問い詰める。捨てる。感想を書いて置いておく。どれでもいいです。親としてどう思ったかを、きちんと表現してあげてください。

でももっと気になるのが、そもそも見つかるようなところに置いている息子さんの無神経さです。お母さんが大騒ぎすると、もう少し考えられるようになるかもしれませんね。
さらに言うと、親が見つけること自体が問題です。子どもの机の中を親が整理をするのはやり過ぎです。自分で掃除をさせましょう。

中学生になったら

Q14

息子に彼女ができました。休みの日に二人でデートもしています。中学生でセックスを経験している子もいると聞きました。どう切り出したらいいか悩んでいます。

A14

中学校の保健体育の教科書にはコンドームに関する記述がされています。ただ、先生が授業できちんと教科書を教えていない場合がありますので、何を習ったかを確認したいですね。

ここは、自分の体験は棚に上げたとしても、「交際はいいけどセックスはダメ」と言い切ってください。中高生の時にセックスをすることは、とくに男にとって我慢をしない、ストレスがない状態になるということです。

男が育つには、本書で一貫してお伝えしているように、ストレスを与え、それを乗り越える力を身につけさせることです。そのためには、一番体験したいと思っているセックスを我慢させるのが最も効果的です。でも、ただ「絶対ダメ」と言うだけでなく、ちゃんとその理由も説明しましょう。

Q15

中一の息子が、部活を始めてから、体が臭うようになりました。朝晩シャワーを浴びて体は清潔にしています。虫歯はないはずなのに、口臭が気になる時もあります。本人はあまり気にしていないのですが、親としては友だちから避けられないか心配です。

A15

思春期は分泌物の変化で体臭が変わる時期です。しかし、今の時代、無臭、抗菌といったことがもてはやされ、悩んでいる人が多いのも事実です。ただ、臭いの原因はあくまでも生理的なもので、臭いの元を洗い流せば、基本的にはその時は臭わないはずです。

口臭が気になるようなら歯医者さんに診てもらいましょう。大人はもちろんですが、子どもたちも本当は、年に一回は歯医者さんで健診を受けることをおすすめします。

でも、私たちの体からは新陳代謝によっていろいろな臭いが出てきます。腋臭《わきが》のようにこまめに洗うことを心がけることで予防できるものは、そうアドバイスをしてあげましょう。それと同時に、自分の体が思い通りにならないというストレスに耐えるのも、神様が息子さんに与えた試練だと思いましょう。必ずや、いい男に育つことでしょう。

Q16

長男は中三なのに髭《ひげ》もわき毛もすね毛もほとんど生えていません。もうすぐ修学旅行ですが、比べられるからみんなとお風呂に入りたくないと言います。小学校の林間学校では「風邪ぎみ」とごまかしましたが、同じ手は使えません。どうしたらいいですか？

A16

もうすでに「守ってあげたい」お母さんになっていますね。もう一度最初からこの本を読み直してください。

みんなと一緒に風呂に入る修学旅行というのはうらやましい限りです。最近は修学旅行もホテルに泊まり、部屋の風呂に一人で入るというのが増えています。そのため、人前で裸になり、お互いの裸を見せ合う素晴らしい体験ができない子どもたちが増えています。

言うまでもありませんが、中三でも、まだ小学生のように毛も生えていない子から、胸毛までありそうな子までさまざまです。その違いを知り受け入れていくことで、息子さんにも、まわりのお子さんたちにも少しずつ優しい心が育っていきます。もし時間があるようでしたら、温泉や銭湯、スーパー銭湯などに連れていって、少し心の準備をしておいてはいかがですか。

ただ、稀に、男性ホルモンの分泌不足などが原因となっていることがあります。発毛だけではなく、中学卒業後も精通がまだだったりするようなら一度泌尿器科に相談してみてください。

Q 17

僕は中二ですが、毎日一回マスターベーションをしています。まわりのみんなに遠まわしに聞いてみたけど、誰もしてなさそうです。僕はおかしいのでしょうか？

A 17

大いに結構。もっとがんばりましょう。そして、みんなにも教えましょうね。

ただ、床やベッドにこすりつけるのではなく、手を使ったマスターベーション、手淫《しゅいん》を！　そうなのです。マスターベーションは人に学ぶことです。

Q 18

もうすぐ受験の中三です。僕の悩みは性欲が強すぎることで、毎日エッチなことばかり考えてしまい、勉強が手につきません。自分で処理していますが、どうしても女の子に触れてみたくて、そのうち襲ってしまうのではないかと思うと自分で自分が怖いです。

A18

エッチなことを考えるのが正常な思春期の男子の脳の構造です。実際に行動に移したい、女の子に触れてみたいと思うのも、これまた正常な感覚です。

でも、あなたはそれをやったら犯罪だということもわかっています。最近は、デートレイプという犯罪も増えています。この葛藤《かっとう》を乗り越えられない人は犯罪者になります。みんなこの葛藤を乗り越え、まっとうな人間として生きていくのです。

がんばって自分を抑制し、マスターベーションを、その抑制を手伝う手段にしてください。そのためにも、同じ思いを語れる仲間をつくりましょう。

Q19

友だちの家に遊びにいった時、友だちが「お父さんのコンドームだよ」といって見せてくれました。興味があるのでもっと詳しく見てみたいです。中学生だからお店に買いに行けません。どうしたらいいですか?

A19

ここは一つがんばって、自分で買ってみましょう。コンドームはコンビニ、百均、スーパーなどで売っています。

でも、買えないと言うのなら、見てみたいという思いとの葛藤を続けましょう。この葛藤があなたを成長させてくれます。もちろん、絶対に万引きなどはダメですよ。

神様は罪なぐらいに男の子にいろんな性の試練を与えてくれます。これはおそらく、試練がなければとんでもないことをし続けることを心配してのことでしょう。

Q20 高校生になったら

友だちから「マスをやり過ぎるとテクノブレイクになるらしいぞ」と聞きました。本当ですか？　だいたいテクノブレイクってどういうことですか？

A20

テクノブレイクは、マスターベーションの最中に突然死することを指します。そのようなケースがインターネットで話題になったことから、多くの中高生がこの質問をしてきます。

インターネットには、まことしやかな理由が書かれていますが、どのような行為の最中でも、人は突然死する可能性がありますので、マスターベーションだけを心配する必要はありません。

Q21

学校の保健の教科書では、避妊方法としてコンドームの使用とピルの使用が書かれているけれど、コンドームは一〇〇パーセントじゃないとインターネットで見ました。これって、本当ですか？

A21

コンドームを完璧に装着できていた人でも、コンドームが破れたり、脱落したりすることがありますので、一〇〇パーセントということはありません。
そもそもコンドームはゴム製品ですので、タイヤがパンクするように、コンドームも破れることもあります。ちょっと考えれば当たり前のことなのですが、そのことを考えられないとすると、問題ありですね。

Q22

もしもコンドームが破れたら、と思うといつもドキドキです。もしもの時はどうしたらいいのでしょうか。教えてください。

A22

「もしも」がないように、今から正しいコンドームの装着法をユーチューブで勉強してください。そのうえで、覚悟をしてセックスをしましょう。

万が一破れたら、避妊という意味では、七二時間以内に緊急避妊用のピルを服用することで、妊娠する確率を約八〇パーセントほど下げられます。ですので、セックスする前に、近所で緊急避妊用のピルを処方してくれるところを探しておきましょう。

でも、何よりそんなにドキドキするのなら、やめておけばいいと思いますよ。いろんなリスクを覚悟のうえで、本当にしたいのですか？

Q 23

「性感染症」ってよく聞きますが、どんな病気ですか？

A 23

中学校、高校の保健体育の教科書にちゃんと詳しく書かれています。まずは教科書をちゃんと読みましょう。ＨＩＶ／ＡＩＤＳ（エイズ）、クラミジア、梅毒、ヘルペスなどさまざまです。

一番の予防は、セックスをしないことです。「教科書にはコンドームは性感染症の予防に有効です」と書かれていますが、コンドームが必ずしも有効ではないものに、梅毒、ＨＰＶ（ヒトパピローマウイルス：尖圭《せんけい》コンジローマや子宮頸《けい》がんなどの原因）、ヘルペスなどがあります。

Q24

僕は高一ですが、彼女ができません。モテる方法を教えてください。

A24

このような質問をすること自体が、モテない男の証《あかし》ですね。みんなにモテたいのですか？　自分が好きな子に気に入られたいのですか？　モテる男のわかりやすい条件はカッコいい、イケメン、勉強ができるなどです。しかし、それはみんなにモテる男の条件です。

女の子が恋人をつくる時に何を求めているのかを考えてみてください。一緒にいておしゃべりができて楽しい、安心、そして何よりその女の子のことを、ちゃんと考えている人です。

女の子は見ていないようで、見ているものです。いつもまわりとのコミュニケーションを心がけてカッコよく生きていれば、幸せは必ず訪れます。

Q25

高二です。恥ずかしい話、僕は早漏《そうろう》ではないかと自分で思っています。今までは彼女がいたことはありませんが、彼女ができてセックスをした時、満足させてあげられるかが不安です。早漏の男は嫌われるのでしょうか？　教えてください。

A 25

だいたい、セックスをする前から早漏を気にすること自体、アダルトビデオに洗脳されていますね。あのようなセックスをしている人はいません。

そもそも、女の子はセックスをしたいと思っていませんよ。だから、満足させてあげるかどうかを考えるのではなく、彼女を悲しませないようにするにはどうしたらいいかを考えましょう。

息子がゲイだったら

Q 26

最近、友だちのお子さんがゲイ（同性愛者）だと聞かされました。ゲイは病気ですか？

A 26

あなたは恋人にするなら異性がいいですか、それとも同性がいいですか？　多くの人は異性と答えますが、その理由は説明できませんよね。

同じように生まれつき同性が好きな人のことを同性愛者、ホモセクシュアルと言い、あなたと同様にごく普通の人です。しかし、「ホモ」という言葉に差別的な、侮蔑的な意味があるということで、「ゲイ（Ｇａｙ）」と呼ぶようになりました。

Q 27

ゲイの人って多いのですか?

A 27

さまざまな調査がありますが、一般的に男性の二~五%、二〇~五〇人に一人と言われています。その中には両性愛者と言って、異性も同性も好きになる人もいます。

Q 28

息子がゲイだとカミングアウトしてきました。これからどう接すればいいですか?

A 28

息子さんが異性を好きになろうが、同性を好きになろうが、息子さんであることに変わりはありません。今まで通りにしてあげてください。

ただ、理解できないことも多々あるでしょうから、その時は、親だからこそ、率直にご自身の疑問をぶつけてあげてください。そのほうが息子さんも楽だと思います。

Q 29

どうして、ゲイの人たちの間ではHIV/AIDSが増え続けているのですか?

A 29

男女間でコンドームを使う場合、ほとんどの人は性感染症予防ではなく、避妊が目的です。

しかし、男性同性間でコンドームを使う場合は性感染症予防が目的ということになり、どちらかが性感染症を持っていなければ、コンドームは必要ありません。だから、どちらかがコンドームを出すと、次のような会話になってしまいます。

A男　コンドーム使おうよ。
B男　何、お前病気持ち？　それとも俺を疑ってるのか？
A男　病気なんかないし、疑うなんて……。
B男　ごめん、俺も言い過ぎた。
A男　エイズなんて聞いたことないよね。

こんな感じでコンドームが使えない人が少なくありません。コンドームを使用するということは、相手が性感染症を持っていることを疑っていると受け取られるので、「大丈夫だよね」という雰囲気の中で使えない人たちがいます。

「おわりに」に代えて

性教育の実践が被災地支援につながった

私の肩書（日本思春期学会理事、日本泌尿器科学会指導医、日本性感染症学会代議員、日本エイズ学会会員など）や、ホームページで公開している性教育関連のパワーポイントなどを見ると、東日本大震災の被災地である岩手県陸前高田市や宮城県女川町に、定期的に健康なまちづくりの支援に入って、何をしているんだろうと思うことでしょう。

私が医者として一番心がけていることは「予防」につながる「健康な地域づくり」です。性教育ではさまざまなトラブルを予防することに取り組んできましたが、最初の頃に力を入れていたのがコンドームによるＨＩＶ（エイズウイルス）をはじめとした性感染症や望まない妊娠の予防と、不要な包茎《ほうけい》手術の回避（予防）でした。一九九九年に『ＯＣＨＩＮＣＨＩＮ』というパンフレットを出し、ユーチューブには動画でコンドームの正しい装着法をアップしました。

しかし、性感染症も一〇代の人工妊娠中絶も増え続け、無力感を感じていたところ、二〇〇一年をピークにそれらが減少に転じました。喜んでいたのもつかの間、関係性の喪失が思春期だけではなく、さまざまなところにひずみをもたらし、セックスレス、膣内射精障害、草食系男子や絶食系男子の増加など、男たちの心がどんどん弱体化していくのを目の当たりにしていました。

なぜ男たちは弱くなっていくのか、データを眺めていたら、一〇代の人工妊娠中絶率の急増と男性の自殺の急増が一致していることに気づき、男たちに起こっているさまざまな変化の根底に、関係性や絆の喪失から来る心の弱さがあることに気づかされました。

そんなことをいろいろ考えていた時に、二〇一一年三月一一日の東日本大震災が起こりました。発災五日後、ＮＨＫのニュース番組をつけると、テレビの画面に見たことのある顔が映っていました。佐々木亮平さんという男性の保健師でした。

じつは、佐々木さんとの強い絆をつくってくれたのが包茎とコンドームでした。出会いは二〇〇〇年、当時の国立公衆衛生院でエイズ対策の講義を担当した時に、受講生に「包茎の人、手をあげてください」と呼びかけたら、一番前に座っていた佐々木さんだけが手をあげてくれたのです。その後、二〇〇二年一月に自分のホームページを立ち上げた際に、どのようなキーワードで検索するとヒットするのかを試す中で、「コンドームの達人」と入れたら佐々木さん作成の「未来型コンドームの達人」と書かれた、岩手県久慈保健所のイベントのチラシがヒットし、再び佐々木さんにつながりました。

さらに佐々木さんは、岩手県陸前高田市に出向していた時に市のエイズのイベントに私を呼んでくれたり、私が運営委員をしている「ＡＩＤＳ文化フォーラム in 横浜」で佐々木さんが発表してくれたりと交流が続いていました。今の陸前高田市長の戸羽太さんも、青年会議所時代に佐々木さんの未来型コンドームの達人講座を無事終了されていました。

そのようなつながりと信頼関係があったので、元祖コンドームの達人として、弟子の未来型コンドームの達人に導かれ、孫弟子の戸羽市長が先頭を走っている陸前高田市の復興のお手伝いを続けることができています。活動の場は陸前高田市の保健医療福祉未来図会議で誕生し、大船渡保健所管内に広がった地域ぐるみの心のケアと自殺予防の「はまってけらいん、かだってけらいん」運動です。「はまって」は気仙地域の言葉で「集まって」、「かだって」は「語って」という意味です。人は集まって何かを語り合っているだけで心が癒されることを市民全体に広げようという運動です。これはまさしく男育てにも相通じる、というか、私が男育ての必要性を実感させられた考え方です。

男たちの復興を

昔の社会は家族や地域のつながり、絆、関係性が密でした。その一方で、個人の閉塞感は大きく、柵《しがらみ》からの脱出を求める人たちであふれていました。そのような中、もともと群れることが苦手な男たちにとって、地域のつながりや柵が、結果として男が育つ環境につながっていたとも言えます。現代社会は先人たちが望んだように柵が消え、関係性が希薄化する一方で、それぞれの寂しさを埋めるようにインターネットがS（社会の）N（ネットワークづくりまでを）S（サービスとして）行ってくれるようになりました。この事実を真摯《しんし》に学び、男の育て方を再考したいものです。

被災地では多くの男たちがいろんな役割を担いつつ、地域の復興を引っ張ってくれています。宮城県女川町では健康づくりの面から復興を促進するため、健康増進計画を策定しましたが、一番の特徴は自治会や仮設住宅といった小単位の地区別で、健康増進計画を立てたことです。この計画の策定に当たって、地域の実情や今後目指すべき方向性について、積極的に議論に加わってくださったのが、地域のリーダー格の男性役員さんたちでした。男たちはサロンで茶話会に参加することなどは苦手ですが、一定の役割を求めるときちんと答えてくれます。

つながりから生まれた本書

一人でも多くの人に男たちの実情を伝えたい。そんな思いから、頼まれたら断らない方針で、年間二二〇本ほどの講演をこなし続けてきました。東日本大震災の被災地にも足を運び続け、それなりに手ごたえを感じてきました。厚木市立病院の火曜日の外来は一度も休診にしたことがありません。休日もなく、家にいてもパソコンに向かって原稿を書いたり、資料づくりをしていました。

しかし、自分一人がどんなにがんばっても思いを伝えきれないジレンマを感じていた時、水谷修さん、小国綾子さんと出した本『いいじゃない いいんだよ』(講談社)をまとめてくださった成保江身子さんとご一緒する機会がありました。男たちを何とかしたいという私の思いを受け、背中を押していただきました。そして、日本評論社の林克行さんのご理解と後押しをいただき、本書の出版の運びとなりました。とはいえ、土日の区別さえない生活の中で原稿を書き上げるのは大変でした。成保さんの支えなくして本書は誕生し得ませんでした。本当に感謝です。

また、とくに東日本大震災以降は、家にいても食事か仕事か酒飲みか寝ているだけの私を支え続けてくれた妻の享子には、「ありがとう」以外にかける言葉が浮かびません。

本書が一人ひとりの男たちの、そして、これからの日本の明るい未来につながる一助になれば幸いです。

著者

著者略歴

岩室紳也（いわむろ・しんや）

1955年京都府に生まれる。自治医科大学医学部を卒業後、神奈川県内の医療機関で総合医、泌尿器科医として患者の診療に当たる。その一方で、神奈川県内の保健所でエイズ予防を含めた幅広い健康づくり活動に従事。2003年より、公益社団法人地域医療振興協会ヘルスプロモーション研究センター長。2014年4月よりヘルスプロモーション推進センター（オフィスいわむろ）を立ち上げ、一民間公衆衛生医として健康な町づくり、心の元気づくり、性の健康などをテーマに全国で講演等の活動を展開する一方で、現在も週に一日は厚木市立病院でのHIV/AIDSや泌尿器科の診療を継続。2011年の東日本大震災後は、岩手県陸前高田市地域包括ケアアドバイザー、宮城県女川町健康づくりアドバイザーとして、被災地に入り続ける。さらに、中学校や高校などでエイズ予防と性教育の学校講演を、年間100回ほど行っている。

主な著書には、『思春期の性―いま、何を、どう伝えるか』『エイズ―いま、何を、どう伝えるか』（以上、大修館書店）、『思春期の性を考えよう』（日本家族計画協会）、『男の子が大人になるとき』（少年写真新聞社）、『健康なくに2011』（共著、医療文化社）、『よくわかるオチンチンの話』（金の星社）などがある。

http://homepage2.nifty.com/iwamuro/

http://www.youtube.com/watch?v=mHHRgFfGnzA

http://homepage2.nifty.com/iwamuro/i-mode.htm

イマドキ男子《だんし》をタフに育《そだ》てる本《ほん》

2013年 6月20日　第1版第1刷発行
2018年10月30日　第1版第3刷発行

著　者…………岩室紳也
発行者…………串崎 浩
発行所…………株式会社 日本評論社
〒170-8474　東京都豊島区南大塚3-12-4
電話　03-3987-8621（販売）
振替　00100-3-16
https://www.nippyo.co.jp
装幀・イラスト…君嶋真理子
印刷所…………精興社
製本所…………難波製本

ISBN 978-4-535-56322-3